서강한국어
Student's Book 5B

서강 한국어 문법 • 단어 참고서 5B 영어판 교재 연구 : 김성희, 이효정, 이윤실
영어 번역 : Naomi Kim, Tyler Lau, 김나원
영어 감수 : 허구생

1판 2쇄	2015년 7월 8일
펴낸곳	서강대학교 국제문화교육원 출판부
펴낸이	유기풍
등록번호	313-2006-00028
출판사 주소	서울시 마포구 백범로 35 (신수동)
Tel	(82-2) 705-8088~9
Fax	(82-2) 701-6692, 713-8963
e-mail	ckss@sogang.ac.kr
Homepage	http://klec.sogang.ac.kr http://koreanimmersion.org

K.L.E.C   S.K.I.P

교사 사이트 http://koreanteachers.org

Sogang Korean Teachers

판매·유통	(주)도서출판 하우		
등록번호	제306-2004-22호		
주소	서울시 중랑구 망우로 68길 48		
Tel	(82-2) 922-7090, 922-9728	Fax	(82-2) 922-7092
e-mail	hawoo@hawoo.co.kr	homepage	http://hawoo.co.kr

서강 한국어
문법 · 단어 참고서
5B

How to use this book

Target grammar pattern: the target grammar pattern from Student's Book 5B.

~: when the target pattern comes in the middle of a sentence, ~ is shown.

*: target patterns emphasized with a * are the most important and common.

Meaning: although one target pattern can have many meanings depending on the situation, the usage in the student's book is taken as the main form.

Usage: information on how to use the target pattern with verbs, adjectives and nouns.

Example sentence: 3-5 basic sentences in which the target pattern is used.

Be careful: things to be aware of when using the target pattern with examples.

TIP: extra tips on usage of the target pattern.

Headword: the target word or phrase from Student's Book 5B.

Pronunciation: pronunciations which are hard for language learners are given alongside the headword.

Meaning: the simplest and easiest description of the headword's core meaning.

Particle information: particles most frequently used with the headword, to allow language learners to make accurate sentences.

Image: pictures to aid understanding of the headword.

Example sentence: sentences which best display the meaning of the headword.

Conjugation: when the headword is an irregular verb or adjective, form is given with examples.

1. Grammar

*① -은/는커녕 ~

E.g.: 오늘 아침에 시간이 없어서 밥은커녕 물도 못 마셨다.
→ 오늘 아침에 시간이 없어서 밥은 당연히 못 먹고, 물도 못 마셨다.
I had so little time today that I couldn't even drink water, let alone eat.

Meaning A는커녕 B도 못한다 has the same meaning as 'I was unable to do B, let alone A' in English.

Usage Noun + 은/는커녕

E.g. ① 그는 춤은커녕 제대로 걷지도 못 한다.
He can't even walk properly, let alone dance.

Be careful!

1) -도 may be replaced by -조차(도) to emphasize how basic the second action is.

E.g. 목이 아파서 밥은커녕 물 한 잔도 마실 수 없다.
= 목이 아파서 밥은커녕 물 한 잔조차 마실 수 없다.
My throat hurts so much that I can't even drink a cup of water, let alone eat.

TIP

1) Verb joined with -기는커녕

E.g. ① 그는 다른 사람을 돕기는커녕 자신의 일도 제대로 못한다.
He can't even do his own work properly, let alone help others.

2. Vocabulary

높이다 [노피다]

① (-에게 -을) to speak of another in a respectful manner. (through 존댓말, attitude, etc.)
② (-을) to raise.
③ (-을) to increase height. (causative verb of 높다)

금메달리스트 gold medalist

E.g. 그는 올림픽 수영 경기에서 금메달을 받은 금메달리스트이다.

이르다 to be early (※ 일러요/이른/이릅니다)

E.g. ① 여기에 실린 사진들은 이른 아침에 찍은 거예요.
② 지금 아침 6시예요. 학교 가기에는 시간이 너무 일러요.

1. 읽기 I · II Grammar

Unit 1 p 10	-기보다(는) ~	-(으)ㄴ/는 이상 ~	*-(으)ㄹ 뻔하다
	*-아/어/여서 그런지 ~	*(-(으)면) -(으)ㄹ수록 ~	
Unit 2 p 21	-는 둥 마는 둥 (하다)	-답니다	*-(으)ㄹ 리가 없다
	*-는 바람에 ~	*-(으)ㄴ/는 척하다	
Unit 3 p 32	*-(으)ㄹ걸(요)	-(느)냐에 따라(서) ~	-아/어/여 내다
	*-다고 해서 -은/는 아니다		*-아/어/여 두다
Unit 4 p 43	*-(으)ㄹ 정도로 ~	*-기만 하다	
	*뭔가/ 누군가/ 어딘가/ 언젠가 ~		-(으)ㅁ으로써 ~
Unit 5 p 53	*-만큼 ~	*-(으)ㄹ 필요/기회/계획/예정/가능성 ~	
	*-다는 듯이 ~	-기(가) 일쑤이다	-기란 ~
Unit 6 p 65	-(으)ㄴ/는 가운데 ~	-는 셈이다	
	*-다(고) 치다	*-다면 몰라도 ~	
Unit 7 p 80	-(이)라고 ~, 하고 ~	*-더니 ~	-(이)란
	*-다시피 ~	*-아/어/여야지 -아/어/여서는 안 된다	
Unit 8 p 94	-네요	*-치고 ~	*이중 부정
	*-는 데 ~		

* : target patterns emphasized with a * are the most important and common.

2. 말하기

Unit 1 p 13	**Quoting** Revealing the source of a quotation -에 의하면 -다고 하다 -에 따르면 -다고 하다 -이/가 그러는데 -대(요) -에서 봤는데/들었는데/ 읽었는데 -대(요) Contracted expressions for quoting and connecting sentences -다면서 -다니까 -다는데
Unit 2 p 25	**Onomatopoeia & Mimetics** 꼬르륵 꾸벅꾸벅 뚝 벌떡 벌컥벌컥 빙빙 뻘뻘 쑥 웅성웅성 쾅 쿨쿨 훌쩍훌쩍
Unit 3 p 35	**Scientific Vocabulary** Earth: 남극, 북극, 사막, 적도, 태평양 Natural Phenomena: 가뭄, 자외선, 해일, 홍수, 황사 Insects: 매미, 바퀴벌레, 잠자리, 파리 Animals: 공룡, 기린, 코끼리, 펭귄, 수컷, 암컷 The Five Senses: 미각, 시각, 청각, 촉각, 후각 Bodily Phenomena: 여드름, 잠꼬대, 재채기, 트림, 하품
Unit 4 p 46	**Presenting the Results of a Study** Presenting the topic and subjects -이/가 -을/를 대상으로 -에 대해 설문 조사한 결과는 다음과 같습니다 Presenting the most common response -이/가 -%로 가장 많았습니다 -이/가 가장 많은 것으로 나타났습니다 -이/가 대부분이었습니다 Presenting the second most common and following responses 그 다음으로는 -이/가 -%, -이/가 -%, -이/가 -% 의 순이었습니다 (순으로 나타났습니다/순서였습니다) Presenting the remaining opinions 그 밖에 -다는 의견/응답도 있었습니다 그 밖에 -다는 의견/응답도 적지 않았습니다 Analyzing the results of a study 이러한 결과를 통해 -다는 것을 알 수 있었습니다 이러한 결과를 통해 -(으)ㅁ을 알 수 있었습니다 ※ -(으)로 나타났습니다
Unit 5 p 57	**Personality Terms** 겸손하다 까다롭다 꼼꼼하다 단순하다 변덕스럽다 보수적이다 시원시원하다 싫증을 잘 내다 예술 감각이 있다/없다 융통성이 있다/없다 이기적이다 이성적이다 직선적이다 차분하다 털털하다

Unit 6 p 68	**Debating**

Unit 6 p 68

Debating

To assert or insist upon one's opinion

〈Expressing a point〉
제 생각에는 -다고 봅니다

〈Quoting〉
-에 의하면 -다고 합니다
-에 따르면 -다고 합니다

〈Making a supposition〉
만약 -(으)ㄹ 경우(에) -게 됩니다
만약 -(으)ㄹ 경우(에) -(으)ㄹ 수도 있습니다

〈Expressing a reason〉
-(으)므로 ~

〈Expressing two or more reasons〉
-(으)ㄴ/는 데다가 ~

〈Suggesting an alternative〉
-다든지 -다든지 하다

To respond or react to other's opinions

〈Agreeing with another〉
저도 __ 씨의 의견에 (전적으로) 동의합니다

〈Strongly disagreeing with another〉
저는 __ 씨의 의견에 동의하지 않습니다

〈Disagreeing indirectly with another〉
그렇긴 하지만 ~
__ 씨의 말도 일리는 있지만 ~
그 점은 저도 인정합니다. 하지만 ~
무슨 말씀인지 알겠습니다. 그런데 ~

〈Interrupting another〉
말씀하시는데 죄송하지만 ~
그것에 대해서 제가 답변하고 싶은데요
제가 먼저 이야기해도 되겠습니까?

〈Requesting details〉
구체적으로 말씀해 주시겠습니까?
예를 좀 들어 주시겠습니까?

〈Confirming understanding〉
제 생각이 잘 전달되었는지 모르겠는데요

〈Confirming what another has said〉
그러니까 -다는 말씀이시군요

Unit 7 p 85

Korean Titles and Designations

Formal relations

과장(님)/대리(님)/부장(님)/사장(님), 선생(님),
사모님, 따님/아드님, 자제 분 등

Addressing strangers

그쪽, 당신, 손님, 아가씨, 아줌마/아저씨, 언니,
저기요 등

Addressing family

당신/여보, 아가씨, 언니 등

Addressing non-relatives with familial terms

언니/오빠, 누나/형, 이모/삼촌, 아버님/어머님,
제수씨/형수님 등

Unit 8 p 97

Describing the World

Describing objects

〈Shapes〉
삼각형, 사각형(정사각형, 직사각형), 정육면체,
원형, 원뿔형, 원기둥형, 타원형,
둥글다, 네모나다, 길쭉하다

〈Materials〉
유리, 나무, 금속(금, 은, 철), 흙, 플라스틱, 천, 가죽
-(으)로 만들어지다

〈Texture〉
딱딱하다, 부드럽다, 푹신하다

〈Color〉
투명하다

Describing scenery

〈Mountains〉
완만하다, 가파르다

〈Roads〉
오르막길, 내리막길
넓다, 좁다, 평평하다, 울퉁불퉁하다,
(쭉) 뻗다/뻗어 있다, 구불구불하다,
-갈래로 갈라지다/갈라져 있다,
길가에 나무들이 늘어서다/늘어서 있다

〈Seas〉
깊다, 얕다, 잔잔하다, 파도가 치다, 수평선

Contents

Unit 1

대중문화 Pop Culture

읽기 I·II Grammar

① -기보다(는) ~

E.g. 너무 심한 운동을 하기보다는 가벼운 운동을 꾸준히 하는 것이 건강에 좋다.
→ 너무 심한 운동을 하는 것보다는 가벼운 운동을 꾸준히 하는 것이 건강에 좋다.

Constantly exercising lightly is better for your health than exercising too intensely.

Meaning

1) A하기보다는 B shows that after comparing B to A, B is chosen more often than A. It combines -보다는 by conjugating a verb into a noun with -기.

E.g. 다른 사람에게 의지하기보다는 (A) 자기 스스로의 힘으로 성공해야 한다. (B)

One must succeed through one's own strength rather than by depending on someone else.

2) When combined with an adjective, it means that something is not so much A as it is B.

E.g. 내 여자 친구는 예쁘기보다는 (A) 귀엽지 (B).

My girlfriend is not so much pretty as she is cute.

Usage

Verb/Adjective + 기보다는

E.g. ① 가수들은 노래 실력을 늘리기 위해 노력하기보다는 외모를 가꾸는 것에 더 신경을 쓴다.

Singers pay more attention to improving their looks rather than putting in effort to improve their singing ability.

② 지훈 씨는 문제를 해결하기보다는 더 큰 문제를 만들어서 항상 주위 사람을 힘들게 한다.

Jihoon always causes trouble to people around him because rather than solving a problem, he makes it worse.

③ 그 영화는 재미있기보다는 무서운 영화다.

That movie's not so much funny as it is scary.

② -(으)ㄴ/는 이상 ~

E.g. 부모인 이상 아이를 잘 키우기 위하여 노력해야 한다.
→ 부모라면 당연히 아이를 잘 키우기 위하여 노력해야 한다.

By merit of being a parent, one must try hard to raise one's child well.

Meaning

This grammar pattern expresses that because the first clause is a given or a sure fact, the second clause also must be true or must be done. It means 이미 그렇게 되었다면 당연히 and may be translated as 'by merit of', 'considering that', or 'because'. It is often used in newspapers or presentations.

Usage

Present	Verb	-는 이상
	Adjective	-(으)ㄴ 이상
	Noun	-인 이상
Past (Completion)	Verb	-(으)ㄴ 이상
	Adjective	·
	Noun	·

E.g. ① 가수인 이상 노래를 잘 부르기 위해 더 노력해야 할 것이다.

By merit of being a singer, one must try harder to be able to sing well.

② 학생인 이상 공부를 열심히 해야 한다.

By merit of being a student, one must study hard.

③ 경기에 참가하는 이상 우리 팀이 1등을 해야 한다.

Considering that we entered this competition, our team better win first place.

④ 네가 그 일을 맡은 이상 마무리까지 책임져야 한다.

Considering that you took up the job, you have to take responsibility to the end.

⑤ 그가 그렇게 싫은 이상 같이 살 이유가 없다.

Considering that she doesn't like him that much, there's no reason for them to live together.

*③ -(으)ㄹ 뻔하다

E.g. 길이 너무 미끄러워서 넘어질 뻔했어요.
→ 길이 너무 미끄러워서 거의 넘어질 것 같았지만 다행히 넘어지지는 않았다.

I almost fell because the street was so slippery.

Meaning

This grammar pattern expresses 'almost' and is often used with the adverb 하마터면.

Usage

Verb + (으)ㄹ 뻔하다

E.g. ① 너무 슬퍼서 하마터면 여자 친구 앞에서 울 뻔했습니다.

I was so sad that I almost cried in front of my girlfriend.

② 갑자기 골목에서 차가 나오는 바람에 차에 부딪힐 뻔했다. 다행히 빨리 피해서 사고가 나지는 않았다.

I was almost hit because of another car that came out from a side street with no warning. Luckily I avoided an accident because I quickly swerved away.

③ 지하철에서 졸다가 가방을 두고 내릴 뻔했어요.

I almost left my bag on the subway because I kept dozing off.

④ 너무 화가 나서 하마터면 소리를 지를 뻔했다.

I almost yelled because I was so angry.

*4 -아/어/여서 그런지 ~

> **E.g.** 요즘 피곤해서 그런지 온몸이 다 아파요.
> → 요즘 피곤해요. 아마 그것 때문에 온몸이 다 아픈 것 같아요.
>
> Maybe it's because I've been tired lately that my whole body hurts.

Meaning

A아/어/여서 그런지 B expresses a conjecture that A is a possible reason that B happened.

E.g. 너무 기대를 하고 봐서 그런지 생각보다는 별로였다.
(너무 기대를 하고 봤어요. 아마 그래서 생각보다 별로였던 것 같아요.)

Maybe it's because I watched the movie with high expectations that it wasn't as good as I had anticipated.

Usage

Verb/Adjective + 아/어/여서 그런지

E.g. ① 어제 잠을 못 자서 그런지 너무 피곤해요.

Maybe it's because I couldn't sleep yesterday that I'm really tired.

② 어제 날씨가 너무 추워서 그런지 감기에 걸렸어요.

Maybe it's because it was so cold yesterday that I caught a cold.

③ 학교에 사람들이 없어서 그런지 쓸쓸해 보여요.

Maybe it's because there's no one at school that it looks empty.

*5 (-(으)면) -(으)ㄹ수록 ~

> **E.g.** 이 책은 읽으면 읽을수록 감동을 준다.
> → 이 책은 (처음에는 별로 감동을 주지 않았는데) 더 많이 읽으면 점점 더 감동을 준다.
>
> This book becomes more touching as I keep reading it.

Meaning

This grammar pattern indicates that as an action or state continues to occur, the result correspondingly follows. It may be translated as 'as (someone/something) continues to...'. The clause with -(으)면 is often omitted.

Usage

Verb/Adjective + (-(으)면) -(으)ㄹ수록

E.g. ① 처음엔 호기심으로 보게 된 영화지만, 보면 볼수록 빠져들고 마는 감동적인 영화다.

I saw the movie out of curiosity at first, but as I continued to watch it, the movie got more moving.

② 춤은 배우면 배울수록 재미있다.

Dance becomes more fun the more I learn it.

③ 일이 힘들수록 그 일을 끝냈을 때 느끼는 성취감도 크다.

The more difficult the work is, the more satisfied one feels after finishing it.

④ 나이가 들수록 힘든 일도 점점 더 많아지는 것 같아요.

It seems that difficulties increase as one gets older.

말하기 I Quoting

Revealing the source of a quotation

–에 의하면 –다고 하다
–에 따르면 –다고 하다

Meaning

This grammatical pattern means 'according to' and is used when quoting objective information from an expert or from research. It is often used in formal meetings or presentations.

Usage

Source + 에 따르면 + (Quoted content) –다고 하다

Statement		Indirect Quotation
Present	Verb	–ㄴ/는다고 하다
	Adjective	–다고 하다
	Noun	–(이)라고 하다
Past (Completion)	Verb Adjective	–았/었/였다고 하다
Future (Conjecture)	Verb Adjective	–(으)ㄹ 거라고 하다

E.g. ① 조사 결과에 따르면 여자가 남자보다 오래 산다고 합니다.

According to a study, women live longer than men.

② 심장 전문의의 말에 따르면 너무 심한 운동은 오히려 심장에 좋지 않다고 합니다.

According to a cardiologist, overly strenuous exercise is actually not good for the heart.

③ 사장님의 발표에 따르면 다음 달에 직원을 10명 뽑을 계획이라고 합니다.

According to the president's announcement, we're expecting to hire ten employees next month.

–이/가 그러는데 –대(요)

Meaning

Used to quote information that is seen or heard in an informal manner. It is often used with acquaintances or close friends. The contracted form of 간접 화법 (–대요, 래요, etc.) is usually used after –이/가 그러는데.

Usage

Quoted person + 이/가 그러는데 + (Quoted content) –대(요)
(▶ Refer to 서강 한국어 3A 2과.)

Statement		Indirect Quotation contracted forms
Present	Verb	–ㄴ/는다고 해요 –ㄴ/는대요
	Adjective	–다고 해요 –대요
	Noun	–(이)라고 해요 –(이)래요
Past (Completion)	Verb Adjective	–았/었/였다고 해요 –았/었/였대요
Future (Conjecture)	Verb Adjective	–(으)ㄹ 거라고 해요 –(으)ㄹ 거래요

E.g. ① 선생님께서 그러시는데 이번 시험이 아주 어렵대요.

Our teacher said that this test will be very hard.

② 닉 씨가 그러는데 다음 달부터 월급이 10% 오른대요.

Nick said that our salary will increase by 10% starting next month.

–에서 봤는데/ 들었는데/ 읽었는데 –대(요)

Meaning

Used to quote something read, heard, or seen on television, the internet, the radio, or in a book. It is often used in informal situations, as it is more common than –에 따르면.

Usage

Source + 에서 봤는데/들었는데/읽었는데 + (Quoted content) –대(요)

E.g. ① 오늘 아침 텔레비전에서 봤는데 스트레스는 바로바로 풀어야 한대요.

I saw on TV this morning that we have to relieve stress right away.

② 오늘 아침 라디오에서 들었는데 가수 김○○ 씨가 결혼한대요.

I heard on the radio that the singer, Kim, is getting married.

Contracted expressions for quoting and connecting sentences

–다면서 ~

Meaning

Contracted form of –다고 하면서. It is used to connect two quotes said by a person or to connect a quote said by someone to an action he/she was doing.

Usage

Quote + 다면서 + Quote
Quote + 다면서 + Action

			Reported Speech contracted forms
Statement	Present	Verb	–ㄴ/는다면서
		Adjective	–다면서
		Noun	–(이)라면서
	Past (Completion)	Verb Adjective	–았/었/였다면서
	Future (Conjecture)	Verb Adjective	–(으)ㄹ 거라면서
Proposal			–자면서
Command			–(으)라면서
Question			–냐면서

E.g. ① 민수: "수미가 많이 보고 싶어."
(quote)
+ "꼭 안부 전해 줘."
(quote)

→ 민수가 네가 많이 보고 싶다면서 꼭 안부 전해 달래.

Minsu said that he misses you a lot and to say hi to you.

② 민희: "오늘은 너무 바쁘네요."
(quote)
+ 급하게 걸어갔다.
(action)

→ 민희 씨가 오늘은 너무 바쁘다면서 급하게 걸어갔어.

Minhee said that she's very busy today and quickly walked off.

TIP

Another meaning of –다면서

–다면서 is also used at the end of a statement to confirm information that one has heard.

E.g. 소영 씨가 신문사에 취직했다면서요?

I heard that Soyeong was hired at a newspaper company. Is that right?

(Confirming the information that Soyeong was hired at a newspaper company after hearing it from someone else)

–다니까 ~

Meaning

Contracted form of –다고 하니까. It is used to make a statement after quoting someone's words as a reason or basis for doing an action. It is often followed by a command or proposal.

Usage

Quoted content or information + 다니까 + One's own words

			–다니까
Statement	Present	Verb	–ㄴ/는다니까
		Adjective	–다니까
		Noun	–(이)라니까
	Past (Completion)	Verb Adjective	–았/었/였다니까
	Future (Conjecture)	Verb Adjective	–(으)ㄹ 거라니까
Proposal			–자니까
Command			–(으)라니까
Question			–냐니까

E.g. ① 민희가 내일 같이 저녁 먹자니까 5시까지 학교 앞으로 와.

Since Minhee suggested we eat dinner together tomorrow, come to the front of the school by 5 o'clock.

② 동대문 시장은 월요일에 쉰다니까 화요일에 가는 게 어때요?

Since the Dongdaemun Market is closed on Monday, why don't we go on Tuesday?

③ 내일 9시까지 학교에 오라니까 오늘 밤에는 빨리 자야겠다.

We should sleep early because they told us to come to school by 9 o'clock tomorrow.

–다는데 ~

Meaning

Contracted form of –다고 하는데. It is used to quote and follow up with another clause. The clause before –다는데 provides background information for the second clause.

Usage

Quoted content or information + 다는데 + One's own words

			-다는데
Statement	Present	Verb	-ㄴ/는다는데
		Adjective	-다는데
		Noun	-(이)라는데
	Past (Completion)	Verb Adjective	-았/었/였다는데
	Future (Conjecture)	Verb Adjective	-(으) ㄹ 거라는데
Proposal			-자는데
Command			-(으)라는데
Question			-냐는데

E.g. ① 그 영화가 정말 감동적이라는데 우리 같이 보러 가자.

Let's go see that movie together; I heard that it's really touching.

② 내일 오후 2시에 민속촌에서 전통 결혼식을 한다는데 한번 가 보지 않을래요?

I heard that they're doing a traditional wedding at 2PM tomorrow in the folk village. Do you maybe want to go?

Be careful!

'-다니까' 와 '-다는데'

-다니까 quotes someone and gives the quote as a direct reason for the second clause.
-다는데 allows the first clause to be background for the second clause such that the listener can easily follow. Thus, -다는데 has a softer feeling than does -다니까, which gives a direct reason.

E.g. ① 그 영화가 아주 재미있다니까 우리도 보러 가자.

Let's go see that movie together because I heard that it's really good. (direct reason)

② 그 영화가 아주 재미있다는데 우리도 보러 가자.

I heard that movie's really good. Let's go see it together. (background information)

읽기 I Vocabulary

Nouns

가요계
the singing industry
그녀는 가요계의 **신데렐라**가 되었다.

근본적
근본적이다 to be fundamental
근본적으로 fundamentally
이 사업은 근본적으로 문제가 있다.

논란 [놀란]
controversy, dispute
시험 제도를 없애겠다는 학교의 발표는 많은 논란을 일으켰다.
↳ **논란이 일어나다**
controversy arises
사형 제도를 찬성하는 사람들과 반대하는 사람들 사이에 논란이 일어났다.

동시
simultaneous
선생님의 질문에 두 사람이 대답한 것은 거의 동시였다.
↳ **동시에**
at the same time, simultaneously
두 사람은 동시에 서로를 쳐다보았다.

립싱크
lip sync
나는 댄스 가수가 립싱크를 하는 것은 괜찮다고 생각한다.

오락
entertainment
그의 유일한 오락은 음악 감상이다.
↳ **오락 프로그램**
entertainment program
나는 심심할 때는 텔레비전에서 오락 프로그램을 보곤 한다.

증거
evidence
그가 물건을 훔쳤다는 확실한 증거도 없이 그를 의심해서는 안 된다.

Verbs

(-을) 가꾸다
to decorate, to make oneself up (looks)
※ 가꿔요/가꾸는/가꿉니다
못생긴 사람도 자신을 가꾸면 예뻐질 수 있다.
↳ **외모를 가꾸다**
to make up one's looks, to take good care of the way one looks
그 사람은 자신의 외모를 가꾸는 데 많은 시간과 노력을 들인다.

(-이) 끊이다 [끄니다]
to end (often used as 끊이지 않다)
그 식당은 음식 맛이 좋아서 손님이 끊이지 않는다.

(-에) 맞추다
to match
① 약속 시간에 맞춰 도착할 수 있을 거예요.
② 어머니는 항상 우리의 입맛에 맞추어서 음식을 하신다.
↳ **노래에 맞추다**
to match with the song
라디오에서 흘러나오는 노래에 맞춰서 춤을 추었다.

(-을) 선호하다
to prefer
그 회사는 능력이 뛰어난 사원보다는 성실한 사원을 더 선호한다.

열창하다
to sing passionately
그 가수는 자신의 마지막 무대에서 온 힘을 다해 열창했다.

(-을) (-다고) 자랑하다
to brag, to boast
① 그 교수는 늘 학생들에게 자신의 지식을 자랑한다.
② 나는 친구에게 좋은 성적을 받았다고 자랑했다.

(-에) 출연하다
to appear (in a movie)
여러 명의 유명한 배우들이 이 영화에 출연했다.

(-을) 키우다
to raise, to cultivate (causative verb of 크다)
체력을 키우기 위해 매일 아침 운동을 하기로 마음먹었다.
↳ **실력을 키우다**
to develop skills
그 가수는 노래 실력을 키우려고 매일 10시간 이상씩 연습을 했다.

(-을) 홍보하다
to promote, to publicize
소비자들에게 신제품을 홍보하기 위해 신제품을 무료로 나누어 주었다.

Adjectives

격렬하다 [경녈하다]
to be intense, to be heated, to be fierce
① 두 사람은 소리를 지르며 격렬하게 싸웠다.
② 이 춤은 격렬한 동작이 많아서 따라 하기 힘들다.

뛰어나다
to be excellent, to be outstanding
그의 **한국어** 실력은 다른 학생들보다 뛰어나다.

열악하다 [여라카다]
to be poor, to be inferior
아이들은 먹을 것이 부족한 열악한 환경에서도 항상 웃음을 잃지 않았다.

읽기 II Vocabulary

Nouns

관람 [괄람]
viewing (of a movie)
영화를 관람할 때는 휴대 전화를 꺼야 합니다.
└, **관람가**
age restriction (for a movie)
이 영화는 18세 이상 관람가이므로 중학생은 볼 수 없습니다.

눈물바다 [눈물빠다]
sea of tears
친구의 사고 소식에 교실은 눈물바다가 되었다.

달리기
running
매일 30분씩 달리기나 걷기 운동을 하세요.

대사
lines, script
이번 연극에 출연하기로 했는데 대사가 외워지지 않아서 걱정이다.

등급
level
우리 공장에서는 제품을 품질에 따라 세 등급으로 구분한다.

만족
satisfaction
그는 자신의 일에 만족을 느끼며 생활하고 있다.

말다툼
argument, quarrel
어제 아이의 교육 문제로 아내와 말다툼을 했다.

몸매
figure (body)
나는 날씬한 몸매를 가진 사람이 되고 싶다.

방귀
fart
한 학생이 교실에서 방귀를 뀌자 모든 학생들이 동시에 웃음을 터뜨렸다.
└, **방귀를 뀌다**
to fart
한국 속담에 '방귀 뀐 놈이 성 낸다'는 말이 있는데, 그 말은 잘못한 사람이 오히려 남에게 화를 낸다는 의미이다.

불
dollar
1불은 한국 돈으로 얼마입니까?
└, **백만 불짜리**
one million dollars worth
① 우리 아이의 미소는 백만 불짜리야.
② 그 모델의 몸매는 백만 불짜리예요.

상영
screening (of a movie)
이 영화는 폭력적인 장면 때문에 상영이 금지되었다.

수준
level, quality
이번 전시회에 나온 그림의 수준은 아주 높은 편이었다.

영화관
movie theatre
나는 어릴 때부터 영화를 보러 이 영화관에 자주 왔다.

자폐증 [자폐쯩]
autism
아이가 부모와 눈을 잘 마주치지 않거나 이름을 여러 번 부르는데도 전혀 반응이 없으면 자폐증을 의심해 보아야 한다.

장르
genre
문학은 시, 소설, 희곡 등으로 장르를 구분할 수 있다.

재능
talent, ability
그 아이는 그림에 뛰어난 재능을 타고났다.

조연
supporting actor
그 배우는 주연은 아니지만 멋진 조연으로서 자신의 역할을 해냈다.

주연
lead actor, star
그가 주연한 영화가 흥행에 크게 성공했다.

지능
intelligence
지능이 높아도 노력하지 않으면 공부를 잘할 수 없다.

집착
obsession, fixation
성적에 너무 집착을 하면 즐겁게 공부할 수 없다.

출연
appearance (in a movie)
그것이 나에게는 첫 번째 텔레비전 출연이었다.

후반부
latter half
게임은 후반부가 되자 더욱 흥미진진해졌다.

Verbs

괴로워하다
to be in agony, to be miserable
그는 자신의 실수로 내가 다쳤다는 생각에 몹시 괴로워했다.

(-을) 뀌다
to fart (used with **방귀**)
한 학생이 교실에서 방귀를 뀌자 모든 학생들이 동시에 웃음을 터뜨렸다.
↳ **방귀를 뀌다**
to fart

(-을 -으로) 착각하다 [착까카다]
to mistake something / someone as, to misperceive
나는 모르는 사람을 내 친구로 착각하고 말을 걸었다.

훌쩍거리다 [훌쩍꺼리다]
to sniffle
※ 훌쩍거려요/훌쩍거리는/훌쩍거립니다
엄마에게 야단을 맞은 아이는 소리 내어 울지는 못하고 훌쩍거리기만 했다.

Adjectives

(-이) (-기가) 귀찮다 [귀찬타]
to be annoying
① 아침에 출근하는 것이 귀찮을 때도 있지만 대부분은 즐거운 마음으로 출근한다.
② 청소하기가 귀찮아서 그대로 두었더니 집이 너무 지저분하다.

(-을) 귀찮아하다
to be annoyed
그는 나의 계속되는 질문을 귀찮아했다.

불성실하다 [불썽실하다]
to be insincere
불성실하게 일하는 사람하고는 같이 일하고 싶지 않다.

뻔하다
to be obvious
아버지께서 우리 결혼에 반대하실 게 뻔해요.

순수하다
to be pure, to be innocent
그 사람은 어린아이처럼 순수한 마음을 가지고 있어요.

어색하다 [어새카다]
to be awkward
① 오래간만에 가족을 만나서 좀 어색했어요.
② 이 문장은 어딘가 어색하다.

찡하다
to be moved, to be touched
이산가족 상봉 장면을 보고 코끝이 찡했다.
↳ **가슴이 찡하다**
to be touched (tug at one's heartstrings)
저는 돌아가신 아버지의 사진을 볼 때마다 가슴이 찡해요.

허술하다
to be sloppy
그는 일을 너무 허술하게 해서 항상 야단을 맞는다.

Expressions

강추
internet slang, shortened form of 강력하게 추천하다, strongly recommend
강추! 대한민국 최고의 여행지, 강릉!

두 마리 토끼를 다 잡다
to accomplish many things at a time
나는 대학교 때 공부와 연애라는 두 마리 토끼를 다 잡으려다가 실패했다.

말이 필요 없다
to need no words (be amazing)
A: 그 식당의 음식이 그렇게 맛있어요?
B: 말이 필요 없어요. 일단 한번 먹어 보세요.

소문난 잔치에 먹을 것 없다
to be overrated
'소문난 잔치에 먹을 것 없다'는 말처럼 이 식당은 아주 유명하지만 음식 맛은 별로이다.

Unit 2 전래 동화 Traditional Fairy Tales

읽기 I·II Grammar

① -는 둥 마는 둥(하다)

E.g. 아침에는 밥맛이 없어서 항상 밥을 먹는 둥 마는 둥 해요.
→ 아침에는 밥맛이 없어서 밥을 거의 안 먹는 것 같이 조금만 먹어요.

I always eat breakfast halfheartedly because I don't have an appetite in the mornings.

Meaning

This grammar pattern means that one is doing an action without the willingness to do it or without full awareness. It is used when the subject does not try very hard or does not properly carry out the task. It is often used in speech. 하고 is often omitted behind -는 둥 마는 둥.

Usage

Verb + 는 둥 마는 둥 (하다)

E.g. ① 아들 청개구리는 언제나 엄마 말을 듣는 둥 마는 둥 했어요.

The baby green frog would always listen to his mother halfheartedly.

② 우리 애는 내가 무슨 말을 해도 듣는 둥 마는 둥 해요.

No matter what I say, my son never fully listens.

③ 시간이 없어서 밥을 먹는 둥 마는 둥 하고 서둘러 출발했다.

I barely ate and rushed out of the house because I had no time.

④ 세수를 하는 둥 마는 둥 물만 바르고 밖으로 나갔다.

I left home after only washing my face halfheartedly.

⑤ 공부를 하는 둥 마는 둥 책만 펴고 앉아 있다.

I study halfheartedly and just sit here with my book open.

② -답니다

E.g. 옛날옛날에 흥부와 놀부라는 형제가 살았답니다.
→ 옛날옛날에 흥부와 놀부라는 형제가 살았습니다.

Once upon a time, it is said that there lived two brothers named Heungbu and Nolbu.

Meaning

This grammar pattern is used to tenderly explain an event. It is used when narrating traditional folk or fairy tales and is rarely used in everyday speech.

Usage

Present	Verb	-ㄴ/는답니다
	Adjective	-답니다
	Noun	-(이)랍니다
Past (Completion)	Verb	-았/었/였답니다
	Adjective	-았/었/였답니다
	Noun	-이었/였답니다

E.g. ① 지금도 비가 올 때마다 청개구리가 '개굴개굴' 우는 것은 엄마 무덤이 떠내려갈까 봐 걱정돼서 그러는 거랍니다.

Even now, it is said that whenever it rains, the green frog cries 'ribbit, ribbit' because he is afraid that his mother's grave will be swept down the river.

② 옛날옛날에 무서운 호랑이가 한 마리 살았답니다.

Once upon a time, it is said that there lived a scary tiger.

③ 그래서 왕자님과 공주님은 행복하게 살았답니다.

And so it is said that the prince and the princess lived happily ever after.

TIP

The other meaning of -답니다

This grammar pattern is also used as a shortened form of -다고 합니다 when indirectly quoting another's words in a formal situation.

E.g. ① 김 선생님이 많이 아프답니다.

I heard that Professor Kim is very sick.

② 유미 씨도 따라 가겠답니다.

I heard that Yumi will come along too.

③ 모두 저녁을 먹고 왔답니다. 그러니까 식사 준비는 따로 안 하셔도 됩니다.

Everybody says that they already had dinner. So you don't have to prepare it.

*3 -(으)ㄹ 리가 없다

E.g. 항상 약속을 잘 지키는 친구가 오늘 모임에 안 올 리가 없다.
→ 항상 약속을 잘 지키는 친구이기 때문에 오늘 모임에 꼭 올 것이다.

There's no way that my friend, who always keeps his appointments, won't come.

Meaning

This grammar pattern expresses that there is no possibility or that one will not believe a statement judging from one's past experiences.

Usage

Present	Verb	-(으)ㄹ 리가 없다
	Adjective	-(으)ㄹ 리가 없다
	Noun	-일 리가 없다
Past (Completion)	Verb	-았/었/였을 리가 없다
	Adjective	-았/었/였을 리가 없다
	Noun	-이었/였을 리가 없다

E.g. ① 우리 엄마 목소리가 아닌데요. 그렇게 굵은 목소리를 내는 사람이 우리 엄마일 리가 없어요.

That's not my mom's voice. There's no way that someone with that deep of a voice is my mom.

② 항상 웃기만 하는 애리 씨가 화를 낼 리가 없어요.

Aeri always only laughs things off, so there's no way she'll get angry.

③ 답을 몇 번이나 확인했으니까 틀릴 리가 없다.

I checked the answer several times. There's no way it could be wrong.

④ 우리 애가 돈을 훔쳤다고? 아니야, 그럴 리가 없다.

You're telling me my child stole money? No, there's no way that could be.

⑤ 그렇게 공부 잘하는 민수 씨가 시험에 떨어졌을 리가 없어요.

There's no way that Minsu who studies so well would have failed the test.

*④ -는 바람에 ~

E.g. 차가 고장 나는 바람에 오늘 학교에 지각했다.

→ (예상하지 못했는데) 차가 고장 났기 때문에 오늘 학교에 지각했다.

I was late to school today because (unfortunately) my car broke.

Meaning

This grammar pattern is used to express that there was a negative outcome due to an unpredictable event.

Usage

Verb + 는 바람에

E.g. ① 여동생이 그 말을 듣고 웃는 바람에, 호랑이가 나무 위에 있는 오누이를 발견하게 되었습니다.

The tiger found the kids at the top of the tree because the younger sister laughed after hearing what the other said.

② 그 근처에서 큰 교통사고가 나는 바람에 차들이 많이 밀렸다.

There was a terrible traffic jam because there was a big car accident nearby.

③ 어젯밤에 집에 늦게 들어오는 바람에 아침에 일어나기가 힘들었다.

It was difficult to wake up in the morning because I came home late last night.

Be careful!

There are many expressions that indicate cause and effect, including -기 때문에, -아/어/여서, and -(으)니까. However, each expression is slightly different in the way it is used.

-기 때문에

1) May be used in almost all sentences expressing a reason.
2) Often used in formal writing.
3) May be combined with the past form.

E.g. 제가 열심히 공부했기 때문에 1등을 했어요. (O)

I placed first because I studied hard.

-아/어/여서

1) Cannot be used when giving a command or request.

E.g. ① 김치가 매워서 드시지 마세요. (X)

② 오늘 시간이 있어서 같이 식사하는 게 어때요? (X)

2) May not be combined with the past form.

E.g. 제가 열심히 공부했어서 1등을 했어요. (X)

-(으)니까

1) Generally used when giving a command or request.

E.g. ① 김치가 매우니까 드시지 마세요. (O)

Kimchi is spicy so don't eat it.

② 오늘 시간이 있으니까 같이 식사하는 게 어때요? (O)

Since we have time today, how about grabbing a meal?

2) Not used often in formal writing.
3) May be combined with the past form.

E.g. 제가 열심히 공부했으니까 좋은 점수를 주세요. (O)

I studied hard, so give me a good grade.

-는 바람에

1) Only used when the reason was unexpected.

E.g. ① 만나서 반가워요. (O)

② 만나는 바람에 반가워요. (X)

Nice to meet you.

2) Not used often in formal writing.
3) Even if the reason occurred in the past, -는 바람에 is written.

E.g. ① 갑자기 엘리베이터가 고장 난(났는) 바람에 수업에 늦었다. (X)

② 갑자기 엘리베이터가 고장 나는 바람에 수업에 늦었다. (O)

I was late to class because the elevator broke down all of a sudden.

*5 -(으)ㄴ/는 척하다

E.g. 영숙이는 선생님이 보고 있어서 공부하는 척했다.
→ 영숙이는 선생님이 보고 있어서 실제로는 공부를 안 하면서 공부하고 있는 것처럼 행동했다.

Yeongsuk pretended to study because the teacher was looking.

Meaning

This grammar pattern expresses that the subject is pretending to do a certain action or be in a certain state. It has a similar meaning to -(으)ㄴ 체하다.

Usage

Present	Verb	-는 척하다
	Adjective	-(으)ㄴ 척하다
	Noun	-인 척하다
Past (Completion)	Verb	-(으)ㄴ 척하다
	Adjective	·
	Noun	·

E.g. ① 그것을 본 호랑이도 우는 척하며 밧줄을 내려 달라고 하느님께 기도했습니다.

The tiger, having seen that, pretended to cry and prayed to God to let down a rope.

② 너 왜 나 모르는 척해? 만나면 아는 척 좀 해라.

Why are you pretending to not know me? At least pretend to know me when we meet.

③ 아버지가 들어오시자 어머니는 아픈 척하며 누우셨다.

When my father entered the room, my mother pretended to be sick and lay down.

④ 그 여자는 화가 난 척하면서 앉아 있었다.

She sat there pretending to be angry.

Be careful!

When using 보다 with 척하다, it should be written in the past (못 본 척하다).

E.g. 길에서 아는 사람을 만났는데 인사하는 것이 귀찮아서 못 본 척했다.

I saw someone I knew on the street, but because I didn't want to bother saying hi, I pretended not to see that person.

말하기 I Onomatopoeia & Mimetics

꼬르륵

onomatopoeia

the sound of a stomach growling.

E.g. ① 오늘 아침을 굶었더니 배에서 꼬르륵 소리가 나네.

I skipped breakfast today and now my stomach is growling.

② A: 너 배고프니? 자꾸 배에서 꼬르륵 소리가 난다.
B: 하하, 창피하다. 바빠서 점심을 못 먹어서 그런가 봐.

A: Are you hungry? Your stomach keeps growling.
B: Haha, how embarrassing. It's probably because I didn't eat lunch because I was busy.

꾸벅꾸벅

mimetic

expression of nodding off when sleepy.

E.g. ① 너무 피곤해서 수업 시간에 꾸벅꾸벅 졸았다.

I'm so tired that I kept nodding off during class.

② A: 학생, 일어나세요. 수업 시간에 자꾸 꾸벅꾸벅 졸면 되겠어요?
B: 죄송합니다. 선생님.

A: Get up. Do you think it's okay to keep nodding off in class?
B: I'm sorry, Professor.

뚝

mimetic

expression of a grade, temperature, or similarly numbered level dropping drastically.

E.g. ① 경제 상황이 나빠져서 취업률이 뚝 떨어졌다.

Because the economy has weakened, employment rates have dropped drastically.

② A: 너, 요즘 왜 그러니? 갑자기 성적이 뚝 떨어졌어.
B: 글쎄요. 왜 그런지 요즘 공부에 집중이 잘 안 돼요.

A: Why are you like this lately? Your grades suddenly dropped.
B: Well, maybe it's because I can't focus well on my studies lately.

2

벌떡

mimetic

expression of suddenly getting up from sitting or lying down.

E.g. ① 나는 떡을 좋아해서 '떡' 소리만 들으면 자다가도 벌떡 일어난다.

I like rice cakes so much that if I just hear 떡 I'll jump up from my sleep.

② A : 어른이 들어오시면 자리에서 벌떡 일어나서 인사를 해야지 이렇게 앉아 있으면 되겠니?
B : 죄송합니다, 할아버지. 다른 일을 하고 있어서 들어오신 줄 몰랐어요.

A : If an adult comes in, you have to jump up and greet him. You think sitting like this is okay?
B : Sorry, Grandpa. I didn't know you came in because I was doing something else.

벌컥벌컥

onomatopoeia, mimetic

the sound or expression of gulping down water and feeling refreshed.

E.g. ① 그 말을 듣고 너무 기분이 나빠서 앞에 놓여 있던 술을 벌컥벌컥 마셨다.

Hearing the news put me in such a bad mood that I gulped down some alcohol that was in front of me.

② A : 왜 그렇게 물을 벌컥벌컥 마시니? 천천히 마셔.
B : 너무 목이 말라서 그래.

A : Why are you gulping down that water so fast? Take your time.
B : It's because I'm so thirsty.

빙빙

mimetic

expression of suddenly getting dizzy, one's head spinning.

E.g. ① 할 일이 너무 많으니까 머리가 빙빙 돈다.

My head is spinning because I have so much to do.

② A : 왜 그래? 얼굴이 백지장 같아.
B : 나 지금 머리가 너무 어지러워. 머리가 빙빙 도는 것 같아.

A : What's wrong? Your face looks as white as a sheet.
B : I'm really dizzy right now. It's like my head is spinning.

뻘뻘

mimetic

expression of sweating profusely.

E.g. ① 아이들은 땀을 뻘뻘 흘리면서 열심히 축구를 하고 있었다.

The children were sweating profusely while intensely playing soccer.

② A : 요즘 날씨가 너무 덥지?
B : 맞아. 가만히 있어도 땀이 뻘뻘 난다니까.

A : Isn't it really hot lately?
B : Yeah. Even if I stand still I sweat buckets.

쑥

mimetic

expression of something shooting in or out.

E.g. ① 차를 운전하고 있었는데, 갑자기 어떤 차가 골목에서 쑥 나와서 깜짝 놀랐다.

I was driving the car when I got startled because a car suddenly shot out from the side street.

② A: 너 왜 그렇게 입이 쑥 나왔니?
B: 동생하고 싸웠다고 아까 엄마한테 혼났어.

A: Why are your lips shooting out like that? (Why are you pouting?)
B: My mom just scolded me for fighting with my little brother.

웅성웅성

onomatopoeia

the sound of several people chattering in one area.

E.g. ① 어디선가 사람들이 웅성웅성 떠드는 소리가 들린다.

I hear people chitchatting somewhere.

② A: 여러분, 조용히 좀 해 주세요. 웅성웅성 이야기하는 소리 때문에 수업을 들을 수가 없어요.
B: 죄송합니다. 조용히 하도록 하겠습니다.

A: Everyone please be quiet. We can't hear the lecture because of all the chatter.
B: Sorry. We'll be quiet.

쾅

onomatopoeia

the sound of a hard and heavy object forcefully hitting something.

E.g. ① 어제 교통사고가 났다. '쾅' 하고 차들이 부딪치는데 너무 무서웠다.

There was an accident yesterday. The cars crashed with a boom; it was so scary.

② A: 석진아, 문을 닫을 때는 쾅 닫지 말고 조용히 닫고 나가야지.
B: 네, 알겠어요. 엄마.

A: Seokjin, when you close the door, don't slam it. You have to close it quietly.
B: Yes, mom.

쿨쿨

onomatopoeia

the sound of sleeping very soundly.

E.g. ① 여행 갔다 와서 너무 피곤해서 그런지 어제 집에서 쿨쿨 잠만 잤다.

Maybe it's because I was so tired from traveling that yesterday I slept very soundly.

② A: 극장에 와서 영화는 안 보고 쿨쿨 잠만 자면 어떡해?
B: 미안. 어제 숙제하느라 잠을 못 자서 그래.

A: How can you just sleep in the theatre instead of watching the movie?
B: Sorry. I couldn't sleep because I was doing my homework yesterday.

훌쩍훌쩍

onomatopoeia, mimetic

the sound or expression of sniffling.

E.g. ① 어제 영화를 보면서 너무 슬퍼 혼자 훌쩍훌쩍 울었다.

Yesterday while watching the movie, it was so sad that I ended up sobbing by myself.

② A : 너, 왜 혼자서 훌쩍훌쩍 울고 있는 거야?
B : 응, 나 운전면허 시험에서 또 떨어졌어. 일곱 번째인데 말이야.

A : Why are you alone crying?
B : I failed my driver's test again. It's the seventh time.

읽기 I Vocabulary

Nouns

냇가 [낻까]
bank (of a river, stream, etc.)
여자들이 냇가에서 빨래를 하고 있었다.

도깨비
goblin, monster
옛날옛날에 숲 속에 무서운 도깨비들이 살고 있었어요.

마음씨
heart
따뜻한 마음씨를 가진 사람에게는 언제나 좋은 일만 생겨요.
↳ **마음씨가 곱다**
to have a good heart
미나 씨는 마음씨가 고와서 어려운 사람을 보면 꼭 도와줘요.

박
gourd
박이 익자 식구들이 모여 박을 잘랐다.
↳ **박 씨**
gourd seed
박 씨를 땅에 묻었다.

엉망
mess, ruin
갑자기 비가 너무 많이 와서 길이 엉망이 되고 말았다.

욕심꾸러기 [욕씸꾸러기]
greedy person
큰애는 자기 것을 다 먹고도 동생 것을 먹고 싶어하는 욕심꾸러기이다.

유언
will, a testament
그는 죽기 전에 마지막 유언을 남겼다.

자리
place, seat
어머님, 이제 밤이 깊으니 자리에 누우세요.
↳ **자리에 눕다**
to lie down (because of sickness), to be bedridden
아버님께서 자리에 누우신 지 벌써 3년째이다.

제비
swallow
봄이 되어 제비가 다시 돌아왔다.

청개구리
a green frog
냇가에 가 보면 청개구리들이 많이 있다.

푼
smallest currency in the olden days
나는 지금 돈이 한 푼도 없다.

└, **한 푼도 주지 않다**
to not give a penny
부모님은 부자였지만 나에게는 돈을 한 푼도 주지 않으셨다.

Verbs

(-에/에게 -을) 가져다주다
to bring and give
친구에게 공을 가져다주었다.

(-에) (-으로) 떠내려가다
to float (down a river)
① 나는 물 위에 떠내려가는 종이배를 바라보았다.
② 산에 버린 쓰레기는 강으로 떠내려갈 수 있다.

(-을) 물다
to bite
① **앤디** 씨는 식사를 한 다음 담배를 꺼내 물었다.
② 목이 아플 때는 따뜻한 물을 입 안에 물고 있어라.
└, **물어다 주다**
to give (holding in one's mouth)
강아지에게 휴지를 갖고 오라고 했더니 내 앞에 물어다 주었다.

(-에게서/-으로부터 -을) 물려받다 [물려받따]
to inherit
① 부모님에게서 유산을 물려받았다.
② 할아버지로부터 그림 솜씨를 물려받았다.

(-을) 부러뜨리다
to break (something)
놀부는 새끼 제비의 다리를 부러뜨렸습니다.

(-에서) 쫓겨나다 [쫃껴나다]
to be kicked out, to be driven away
그는 큰 실수를 해서 회사에서 쫓겨났다.

(-을) 혼내다
to scold
가게 아저씨가 유리창을 깬 아이를 혼냈다.

Adjectives

놀랍다
to be surprising
※ 놀라워요/놀라운/놀랍습니다
그 사람은 술에 취해서 놀라운 비밀을 이야기하기 시작했다.
└, **놀랍게도**
surprisingly
이번 시험을 못 봤다고 생각했는데 놀랍게도 내가 1등을 했다.

심술궂다 [심술굳따]
to be mean, to be bad-tempered
그 사람은 심술궂은 행동을 해서 사람들의 미움을 받는다.

Adverbs

개굴개굴
ribbit, ribbit
비가 와서 청개구리가 개굴개굴 운다.

정성껏 [정성껃]
with one's whole heart, with dedication
어머니께서 정성껏 준비해 주신 도시락을 가지고 왔다.

읽기 II Vocabulary

Nouns

고개
hill
이 고개를 넘으면 동생 집이 있다.
└, **고개를 넘다**
to cross a hill
그 마을에 가려면 고개를 많이 넘어야 한다.

머릿수건 [머릳쑤건]
Towel wrapped around the head, headscarf
음식을 만들 때는 머릿수건을 꼭 써 주십시오.

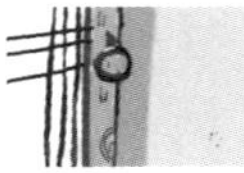

문틈
crack in the door
문틈 사이로 방 안을 들여다보았다.

바보
an idiot, a stupid person
지금 와서 후회해도 소용없는 일이지만 내가 바보 같은 짓을 했다고 생각된다.

밧줄 [받쭐]

rope
마술사는 여자의 손을 밧줄로 묶었다.

별생각
out-of-the-ordinary thoughts
별생각 하지 마시고 제 정성이니까 그냥 받아 주세요.
↳ **별생각 없이**
without much thought, off[out of] the top of one's head
별생각 없이 한 말이었는데 기분 나빴다면 사과할게요.

오누이
brother and sister
옛날에 사이좋은 오누이가 살았습니다.

쥐
mouse
고양이가 쥐를 잡아먹으려고 했다.

털
body hair, fur
나는 강아지의 털을 깎았다.

하느님
God
하느님, 제발 제가 대학 시험에 붙게 해 주세요.

하늘나라
heaven
그녀는 하늘나라에서 온 천사같이 아름답고 사랑스러웠다.

Verbs

(-을) 가리다
to hide (by covering), to conceal
※ 가려요/가리는/가립니다
햇빛이 너무 강해서 손으로 얼굴을 가렸다.

끊어지다 [끄너지다]
to be ended, to be cut off
가방끈이 끊어져서 책이 쏟아졌다.

(-을 -으로) 내밀다
to stick out
나는 창밖으로 얼굴을 내밀었다.

(-을) 들여다보다
to look inside
나는 그 앞을 지나는 척하면서 사무실 안을 들여다보았다.

(-에) 비치다
to be reflected
그는 냇가에 비친 자신의 얼굴을 들여다보았다.
↳ **우물에 비치다**
to be reflected in the well
하얀 구름이 우물에 비친 모습이 너무 아름다웠다.

소리치다
to scream
산 정상에 올라가서 "야호!" 하고 크게 소리쳤다.

(-에) 숨다
to hide
그들은 나무 뒤에 숨어 한동안 주위를 살폈다.

쉬다
to be hoarse
목이 쉬어서 말하기가 힘들다.
↳ **목소리가 쉬다**
to be hoarse
큰 소리로 노래를 불렀더니 목소리가 많이 쉬었다.

잡아먹다 [자바먹따]
to grab and eat
호랑이가 토끼를 잡아먹었다.

(-에) 질리다
to be frightened
그는 아이가 없어졌다는 말에 새파랗게 질려 아무 말도 하지 못했다.
↳ **겁에 질리다**
to be aghast
범인은 경찰을 보고 겁에 질려서 달아나지도 못했다.

Adjectives

굵다 [국따]
to be deep (voice)
그 남자 가수는 굵고 큰 음성을 가지고 있다.
↳ **목소리가 굵다**
to have a deep voice
아이가 사춘기가 되자 목소리가 굵어졌다.

깊다 [깁따]
to be deep
그 우물은 매우 깊었다.
↳ **깊은 산속**
deep in the mountains
깊은 산속에 한 나무꾼이 살았다.

Adverbs

똑똑
onomatopoeia for knocking, 'knock, knock'
화장실에 들어가려고 문을 똑똑 두드렸다.

빙빙
mimetic for spinning
회전목마를 타고 빙빙 돌았더니 머리가 너무 어지러워요.
↳ **빙빙 돌다**
to spin, to go around in a circle
아이 엄마는 잃어버린 아이를 찾아 온 동네를 빙빙 돌아다녔다.

살금살금
mimetic for sneaking
아기가 깰까 봐 살금살금 방 안에 들어갔다.

어흥
onomatopoeia for a (tiger's) roar
옛날옛날에 호랑이가 살았는데, 사람들이 나타나면 '어흥' 하고 무서운 소리를 내면서 겁을 주었다.

잔뜩
extremely, quite
우리는 잔칫집에서 음식을 잔뜩 먹었다.

쿵
onomatopoeia for a thud or a loud sound
바닥에 '쿵' 하고 넘어졌다.

쿵쿵
onomatopoeia for a repeated loud sound, 'thump, thump'
화가 나서 바닥을 발로 쿵쿵 굴렀다.

Expressions

독 안에 든 쥐
to be in a fine fix, like a rat in a trap
더 이상 도망갈 곳이 없으니 독 안에 든 쥐였다.
↳ **독**
jar
독에서 김치를 꺼냈다.

2

Unit 3 과학 상식 Scientific Common Knowledge

읽기 I・II Grammar

*① -(으)ㄹ걸(요)

E.g. 봉사 활동을 해 보면 아마 진짜 행복을 느끼게 되실걸요.
→ 봉사 활동을 해 보면 아마 진짜 행복을 느끼게 될 거라고 생각해요.

I think you will feel true happiness if you try some volunteer work.

Meaning

At the end of a sentence, this grammar pattern is used to make a conjecture. It is often used in speech.

Usage

Present	Verb	-(으)ㄹ걸(요)
	Adjective	-(으)ㄹ걸(요)
	Noun	-일걸(요)
Past (Completion)	Verb	-았/었/였을걸(요)
	Adjective	-았/었/였을걸(요)
	Noun	-이었/였을걸(요)

E.g. ① 집 안에 개미가 생기면 정말 귀찮죠? 하지만 이 방법을 사용하면 개미가 완전히 사라질걸요.

It's very annoying when ants appear inside your house, right? However, if you use this method, the ants will probably completely disappear.

② A: '사랑'이라는 영화를 볼까 하는데 어떨지 모르겠어.
B: 그 영화 아마 재미없을걸. 재미있다고 하는 사람을 아무도 못 봤어.

A: I'm considering watching 'Love', but I'm not sure how it will be.
B: I don't think it'll be good. I haven't met anyone who said that it was a good movie.

③ A: 앤디 씨한테 어제 파티가 어땠는지 물어보려고요.
B: 글쎄요……, 앤디 씨는 거기 안 갔을걸요.

A: I'm going to ask Andy how yesterday's party was.
B: Well...I don't think Andy went.

TIP

Another meaning of -(으)ㄹ걸

-(으)ㄹ걸 has a second meaning, in which it is used as a shortened form of the grammar pattern -(으)ㄹ걸 그랬다, which expresses regret about the past.

E.g. A: 외국 유학 생활에서 후회되는 것이 있어?
B: 공부만 열심히 한 게 후회돼. 친구도 사귀고 여행도 많이 할걸 (그랬어).

A: Is there anything you regret from having studied abroad?
B: I regret that I only worked hard in my studies. I should have made more friends and traveled more.

② -(느)냐에 따라(서) ~

E.g. 얼마나 열심히 노력하느냐에 따라 일의 결과가 달라진다.
→ 열심히 노력하면 결과가 좋고, 열심히 노력하지 않으면 결과가 나빠진다.

The result will depend on how hard you work.

Meaning

A(느)냐에 따라서 B means that B will be decided based on A. In speech, it is often shortened to -냐에 따라 but keeping -느냐에 따라(서) gives it a more formal feeling. It may be replaced with -는가에 따라(서) or -는지에 따라(서).

E.g. 어떤 사람을 뽑느냐에 따라 우리 회사의 (뽑냐에 따라, 뽑는가에 따라, 뽑는지에 따라) 미래가 달라질 수 있습니다.

Our company's future will depend on who we hire.

Usage

Present	Verb	-(느)냐
	Adjective	-냐
	Noun	-(이)냐
Past (Completion)	Verb	-았/었/였(느)냐
	Adjective	-았/었/였(느)냐
	Noun	-이었/였(느)냐

1) When used with interrogative question words (어떻게, 얼마나, 어떤, 누구, 무엇, etc.):

E.g. ① 뇌의 능력은 태어날 때부터 정해진 것이 아니라 어떻게 개발하느냐에 따라 계속 달라진다.

The brain's capacity is not something decided from birth; rather, it will depend on how we develop it.

② 무엇을 선택하느냐에 따라 미래가 달라진다.

The future will depend on what you decide.

③ 같은 내용이라도 누구에게 배우느냐에 따라서 차이가 난다.

Even if the content is the same, there is a difference depending on who you learn it from.

2) When used to juxtapose a positive and a negative clause:

E.g. ① 지금 바로 실천하느냐, 하지 않느냐에 따라 이 일의 결과가 달라질 수 있다.

The results may depend on whether you take action immediately or not.

② 네가 가느냐 안 가느냐에 따라 내 결정도 바뀔 수 있어.

My decision may change depending on whether you go or not.

Be careful!

-(느)냐 may be attached to different markers such as -이/가, -을/를, -에 etc.
It often indicates an indirect question.
(▶ '-(느)냐에 달려 있다' refers to 서강 한국어 5A 1과.)

E.g. ① 얼마나 많이 아느냐가 중요한 것이 아니라 어떻게 행동하느냐가 중요하다.

What matters is not how much you know, but how you behave.

3

② 나의 미래는 이번 일에 성공하느냐 실패하느냐에 달려 있다.

My future depends on whether I succeed or fail at this job.

③ –아/어/여 내다

E.g. 어려운 일을 스스로 해냈을 때의 기쁨은 아무도 모를 것이다.
→ 어려운 일을 스스로 해서 완성했을 때의 기쁨은 아무도 모를 것이다.

No one will know the happiness I felt when I completed the difficult job by myself.

Meaning

This grammar pattern emphasizes difficulty or a struggle in completing an action. It is often used with verbs that express overcoming difficulty, such as 참다, 극복하다, and 견디다 and verbs such as 알다, 찾다, and 하다.

Usage

Verb + 아/어/여 내다

E.g. ① 뇌를 개발하기 위해서는 우선 어떤 사실을 잊어버렸을 때 그것을 기억해 내려는 노력을 해야 한다.

In order to improve one's brain, one must first try hard to remember a fact that they've forgotten.

② 그는 암을 이겨 내고 건강을 되찾았다.

He overcame cancer and restored his health.

TIP

알아내다, 찾아내다, 해내다 which combines both 알다 , 찾다, 하다 and –아/어/여 내다 is used as one word.

E.g. ① 이 일은 제 힘으로 해내겠어요!

I intend to do this job on my own!

② 실패의 원인을 제가 알아내겠습니다.

I will find out the cause for the failure.

*④ –다고 (해서) –은/는 아니다

E.g. 공부를 많이 했다고 해서 다 똑똑한 것은 아니다.
→ 공부를 많이 한 사람이 모두 똑똑한 것은 아니다. (똑똑하지 않은 사람도 있다.)

Not everyone who studies a lot is necessarily smart.

Meaning

This grammar pattern may also be translated as 'just because...does not necessarily mean...'. The adverb 꼭 or 다 is often added for emphasis. Also, 해서 is often omitted.

Usage

Present	Verb	–ㄴ/는다고 (해서)
	Adjective	–다고 (해서)
	Noun	–(이)라고 (해서)
Past (Completion)	Verb	–았/었/였다고 (해서)
	Adjective	–았/었/였다고 (해서)
	Noun	–이었/였다고 (해서)

E.g. ① 공부를 할 때 무조건 많은 시간을 공부한다고 해서 좋은 결과가 나오는 것은 아니다.

Just because one has studied for a long time does not necessarily mean that something good will come out of it.

② 비싸다고 해서 꼭 좋은 물건은 아니다.

Expensive things aren't necessarily all good.

③ 인터넷을 할 수 있다고 해서 컴퓨터를 모두 다 아는 것은 아니다.

Just because one can use the internet does not necessarily mean that one knows everything about computers.

④ 돈이 많다고 모두 행복한 것은 아니다.

Just because one has a lot of money does not necessarily mean that one is happy.

*• –아/어/여 두다

E.g. 이번 주말에 여행을 가니까 미리 준비해 두세요.

→ 이번 주말에 여행을 가니까 미리 준비해 놓으세요.

Since we're going on vacation this weekend, prepare (your belongings) in advance.

Meaning

This grammar pattern expresses that an action is done in advance or in preparation so that a resulting state is maintained. It is similar to –아/어/여 놓다.

E.g. 밤늦게까지 시간이 없을 테니까 미리 식사를 해 두세요.
(해 놓으세요)

Eat beforehand, because there won't be any time until late at night.

Usage

Verb + 아/어/여 두다

E.g. ① 집 전화번호도 기억 못 하는 그를 보고 놀라는 사람들에게 "적어 두면 쉽게 찾을 수 있는 것을 왜 머릿속에 기억합니까?"라고 대답했다고 한다.

He was said to have replied, "Why bother remembering something when you can easily find it if you just jot it down?" to people who were surprised that he couldn't even remember his own home phone number.

② 아주 중요한 단어니까 잘 외워 두세요.

Be sure to remember these words because they're very important.

③ 잊어버리지 않게 수첩에 자세히 적어 뒀어요.

In order to not forget, I jotted it down in detail on my notepad.

④ 내일 경기를 위해서 잘 먹어 둬.

Eat well to prepare for tomorrow's competition.

말하기 I Scientific Vocabulary

Earth

남극
the South Pole

E.g. 남극의 빙산이 빠른 속도로 녹고 있다고 합니다.

The iceberg at the South Pole is said to be melting at a fast pace.

북극 [북끅]
the North Pole

E.g. 북극에는 어떤 동물이 사나요?
Which animal lives at the North Pole?

사막
desert

E.g. 선인장은 사막에 사는 식물이다.
Cacti are plants which live in the desert.

적도 [적또]
the Equator

E.g. 적도 부근은 날씨가 매우 덥다.
The equatorial regions have exceedingly hot weather.

태평양
the Pacific Ocean

E.g. 비행기가 태평양 위를 날아가고 있다.
The plane is flying over the Pacific Ocean.

Natural Phenomena

가뭄
drought

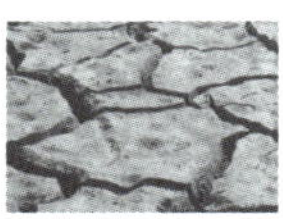

E.g. 가뭄이 심해서 농작물이 다 말라 죽었다.
The drought got so severe that all the crops withered and died.

자외선
ultraviolet (UV) rays

E.g. 외출하기 전에 자외선 차단 크림을 바르세요.
Apply UV-blocking sunscreen before you go outside.

해일
tidal wave, tsunami

E.g. 해일을 예측하는 시스템을 이용하면 피해를 줄일 수 있습니다.
If a system that predicts tsunamis is used, we can reduce the damage.

홍수
flood

E.g. 홍수가 나서 많은 집들이 물에 잠겼다.
Because of the flood, many houses were submerged under water.

황사
dust storms/sandstorms
(from China and Mongolia)

E.g. 오늘은 황사가 심하므로 외출할 때 주의하시기 바랍니다.
Today, be careful when you go outside because the sandstorms are severe.

Insects

매미
cicada

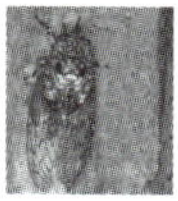

E.g. 여름에는 나무에 붙어 우는 매미 소리를 자주 들을 수 있다.

In the summer, you can often hear cicadas cry in the trees.

바퀴벌레
cockroach

E.g. 바퀴벌레를 없앨 수 있는 좋은 방법이 있으면 알려 주세요.

If you know a good way to get rid of cockroaches, please tell me.

잠자리
dragonfly

E.g. 한국에서는 가을이 되면 잠자리가 많이 날아다닌다.

In Korea, when fall comes many dragonflies buzz around.

파리
fly

E.g. 음식 위에 파리가 앉아 있다.

There is a fly on the food.

Animals

공룡
dinosaur

E.g. 지구에서 공룡이 없어진 원인은 무엇 때문이라고 생각하십니까?

What do you think was the cause of dinosaurs' extinction on earth?

기린
giraffe

E.g. 기린은 동물 중에서 가장 키가 크다고 한다.

The giraffe is said to be the tallest of the animals.

코끼리
elephant

E.g. 코끼리는 더운 지역에서만 활발하게 움직일 수 있다.

Elephants can only be active in hot regions.

펭귄
penguin

E.g. 펭귄은 암컷과 수컷을 구별하기 어려운 동물이라고 합니다.

Penguins are said to be an animal for which it is difficult to distinguish between males and females.

수컷
male (animal)

♂

E.g. 우리 집 강아지는 수컷입니다.

Our family pet, the puppy, is a male.

암컷
female (animal)

♀

E.g. 동물들이 알이나 새끼를 낳기 위해 암컷과 수컷이 만나 짝을 이루는 것을 짝짓기라고 합니다.

Female and male animals uniting for the purpose of having babies or laying eggs is called mating.

The Five Senses

미각
taste

E.g. 미각이 발달한 사람은 맛의 차이를 잘 구별한다.

People with a good sense of taste can distinguish different flavors well.

시각
sight

E.g. 남자는 시각에 민감하고 여자는 청각에 민감하다는 말이 있어요.

It is said that men have a keen sense of sight while women have a keen sense of hearing.

청각
hearing

E.g. 청각 장애인들은 들을 수 없기 때문에 말을 배우기가 아주 어렵다고 합니다.

It is said that because deaf people cannot hear, it is apparently very hard for them to learn to speak.

촉각
touch

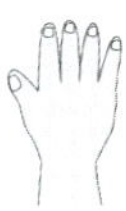

E.g. 아기의 몸 중에서 촉각이 가장 발달한 부분은 입술이라고 합니다.

The part of a baby's body with the most developed sense of touch is the lips.

후각
smell

E.g. 개는 후각이 발달해서 냄새만으로 물건이나 사람을 찾아낼 수 있다.

Dogs have an acute sense of smell, so they can find items and people by smell alone.

Bodily Phenomena

여드름
acne

E.g. 고등학교 때 이마에 여드름이 많이 나서 정말 고생했어요.

I had a lot of acne on my forehead in high school, so I had a really hard time.

잠꼬대
sleeptalking

E.g. 지난밤에 잠꼬대를 심하게 하는 바람에 같이 자던 엄마가 깜짝 놀라셨다.

Last night my mother, with whom I was sleeping, was shocked by how much I sleeptalked.

재채기
sneeze

E.g. 한국에서는 재채기 소리를 '에취'라고 표현하는 경우가 많다.

In Korea, people often express the sound of sneezing as 'ah-choo!'

트림
burp

> **E.g.** 식사하고 나서 트림을 크게 하지 않도록 조심하세요.
>
> Take care not to burp loudly after eating.

하품
yawn

> **E.g.** 영화가 너무 재미없어서 계속 하품이 나온다.
>
> I can't help yawning because the movie is so boring.

읽기 I | Vocabulary

Nouns

건전지
battery

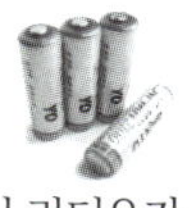

건전지가 다 되어서 라디오가 안 나와요.

구멍
hole

양말에 구멍이 났으니까 새 양말을 하나 사세요.

눈꺼풀
eyelid

며칠 동안 제대로 잠을 못 잤더니 너무 피곤해서 눈꺼풀이 저절로 감긴다.

독소 [독쏘]
poison
된장이나 마늘, 호박 등은 몸 안의 독소를 없애 주는 음식이다.

린스
conditioner
먼저 샴푸로 머리를 감은 후에 린스를 머리카락 끝에 바른 후 헹구세요.

망치
hammer

그림을 여기에 걸려면 못을 박아야 하니까 망치 좀 가져와.

모기
mosquito

모기에 물린 곳이 너무 가려워.

무좀
athlete's foot
일반적으로 무좀은 깨끗이 씻고 2-3주에 걸쳐 무좀 약을 바르면 증상이 좋아진다.

물파스
pain relief medication (liquid)

물파스는 냄새가 심하니 너무 많이 바르지 마세요.

석유
oil (petroleum)

한국은 석유를 외국에서 수입한다.

습기 [습끼]
humidity
① 습기가 많다. 습기를 제거하다. 습기가 차다.
② 비가 오면 습기가 많아져요.
ㄴ **습기가 차다**
to be humid
집이 지하라서 습기가 많이 차요.

열
fever
몸에 열이 많은 사람은 고기보다는 회를 먹는 것이 좋다고 한다.

잉크
ink

종이 위의 잉크가 아직 안 말랐으니까 조심하세요.
ㄴ **잉크가 묻다**
for ink to stain
옷에 잉크가 묻었는데 어떻게 하면 좋을까요?

진공청소기
vacuum cleaner

진공청소기가 고장 나서 고쳐야 돼.

탈모
hair loss
탈모 때문에 고민하는 남자들이 많다.

호두
walnut

한국에서는 대보름(음력 1월 15일)에 호두와 땅콩을 먹는다.

Verbs

(–을) 구기다
to crumple
그는 신문을 구겨서 휴지통에 버렸다.

(–을) 달래다
to soothe, to calm
※ 달래요/달래는/달랩니다
우는 아이를 달래려고 사탕을 주었다.

(–에) 묻다 [묻따]
to be stained
손에 기름이 묻으면 비누로 씻어야 한다.
↳ **잉크가 묻다**
for ink to stain

(–에/에게 –을) 물리다
to be bitten, to be stung (passive verb of 물다)
※ 물려요/물리는/물립니다
옆집에서 기르는 개에게 팔을 물렸다.

(–이) 변형되다
to transform (shape)
그 물건은 심하게 변형되어서 원래의 모습을 찾아볼 수 없다.

(–이) 사라지다
to disappear, to vanish
남편이 죽은 후 그녀의 얼굴에서 미소가 사라졌다.

(–을) 없애다 [업쌔다]
to remove, to eliminate (causative verb of 없다)
신용 카드를 한 개만 남기고 나머지는 모두 없애 버렸다.

(–을) 제거하다
to remove
냉장고의 안 좋은 냄새를 제거하는 방법을 알려 주세요.

(–을) 지우다
to erase
화장을 잘하는 것보다 잘 지우는 것이 피부 관리에 더 중요하다.

(–에 –이) 차다
to fill
버스에 사람들이 가득 찼다.
↳ **습기가 차다**
to be humid

(–을) 헹구다
to rinse
설거지할 때는 그릇을 깨끗한 물에 여러 번 헹구어야 돼.

Adjectives

(–이) 가렵다 [가렵따]
to be itchy
※ 가려워요/가려운/가렵습니다
며칠 동안 머리를 못 감았더니 가려워 죽겠다.

(–보다) 덜하다
to be less than
올해는 작년 여름보다 더위가 훨씬 덜하다.

Adverbs

뚝
a mimetic word describing an abrupt end to an action or situation
울음을 뚝 그치다. 소식이 뚝 끊어지다.

Other

서너
three or four
그 장소에 도착한 사람은 아직 서너 명밖에 안 된다.

읽기 II Vocabulary

Nouns

기억력 [기엉녁]
memory (capacity)
그때 일을 자세히 기억하는 것을 보니까 정말 기억력이 좋구나.

뇌
brain
뇌의 크기와 지능(I.Q.)은 서로 관계가 없다.

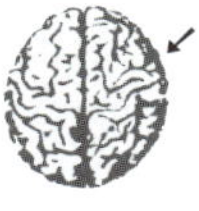

ㄴ **우뇌**
right hemisphere
좌뇌는 이성적인 면을, 우뇌는 감성적인 면을 담당한다고 합니다.

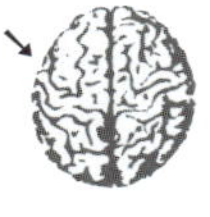

ㄴ **좌뇌**
left hemisphere
오른손잡이는 좌뇌가, 왼손잡이는 우뇌가 발달한다고 한다.

모국어
mother tongue
나는 **한국**에서 태어나 자랐기 때문에 나의 모국어는 **한국어**이다.

발달 [발딸]
development
교통 시스템의 발달로 어느 곳이든 빠른 시간 내에 갈 수 있게 되었다.
ㄴ **(-을) 발달시키다**
to develop, to stimulate development
산업 혁명은 자본주의를 발달시켰다.

변화
change
① 변화가 생기다. 변화가 오다. 변화를 보이다. 변화를 주다.
② 컴퓨터 기술의 발달로 생활에 큰 변화가 생겼다.

스트레칭
stretching
매일 10분씩 스트레칭하면 건강에 아주 좋아요.

양손
both hands
이건 무거우니까 양손으로 들어야 돼.

역할 [여칼]
role
교사의 역할은 학생들을 잘 가르치는 것이다.

영향
influence, effect
아이는 부모님의 영향을 많이 받아요.

오감
the five senses
(sight, hearing, touch, smell and taste
시각, 청각, 촉각, 후각, 미각)
나는 오감 중에 특히 후각이 둔한 편이다.

자극
stimulus
열심히 공부하는 친구의 모습을 보고 자극을 받았어요.

증진
improvement
정부는 수출 증진 방안을 발표했다.
ㄴ **(-을) 증진시키다**
to improve
이번 정책이 **남북한** 간의 관계를 증진시키는 데 얼마나 도움을 줄지 궁금하다.

창의적
창의적이다 to be creative
창의적으로 creatively
학생들이 창의적으로 글을 쓰도록 가르쳐야겠다.

3

틀
mold, pattern
이 작품은 틀에 박힌 형식을 깨고 새로운 방법을 시도하여 높은 평가를 받았다.
ㄴ **틀에 박히다**
to be stuck in a groove or pattern
① 틀에 박힌 생활에서 벗어나 어디론가 떠나고 싶다.
② 틀에 박힌 생각은 버리고 신선한 아이디어를 좀 생각해 봐.

호기심
curiosity
친구 말을 듣고 호기심에 그 영화를 봤다가 실망했어요.

Verbs

뜻하다 [뜨타다]
to intend to, to aim to, to mean to
모든 일이 뜻하는 대로 되면 좋겠다.
ㄴ **뜻하지 않게**
unintentionally
외국 여행을 갔다가 뜻하지 않게 고등학교 동창을 만났다.

(–에) 박히다 [바키다]
to be hammered into, to be stuck in (passive verb of 박다)
① 벽에 박힌 못을 빼내야겠어.
② 나무뿌리가 땅속 깊이 박혀 있다.
ㄴ **틀에 박히다**
to be stuck in a groove pattern

(–에서) 벗어나다
to free from, to get out of
시험에서 벗어나고 싶다.

자극하다 [자그카다]
to stimulate
매운 음식은 위를 자극할 수 있으니까 너무 많이 먹지 마십시오.

(–을) 좌우하다
to influence, to determine
어떤 인간관계를 갖느냐가 평생을 좌우할 수도 있다.

Adjectives

어리석다 [어리석따]
to be foolish, to be silly, to be stupid
나의 행동이 어리석었다는 것을 뒤늦게 깨달았다.

지혜롭다 [지혜롭따]
to be wise
※ 지혜로워요/지혜로운/지혜롭습니다
어머니는 많은 문제들을 지혜롭게 잘 처리하셨다.

침착하다 [침차카다]
to be calm, to be collected
교통사고가 났을 때 당황하지 말고 침착하게 행동해야 돼요.

Adverbs

결코
never
저는 그때 일어난 일을 결코 잊을 수 없습니다.

참으로
truly, really
그렇게 젊은 나이에 죽다니 참으로 안타까운 일이다.

Expressions

어쩔 수 없다
to be unable to be helped, to be inevitable
머리가 너무 아파서 끝까지 수업을 듣지 못하고 어쩔 수 없이 집에 일찍 왔어요.

Unit 4 문화 Culture

읽기 I · II Grammar

*① -(으)ㄹ 정도로 ~

E.g. 도와주겠다는 친구의 말을 듣고 눈물이 날 정도로 고마웠다.
→ 도와주겠다는 친구의 말을 듣고 눈물 나게 고마웠다.

My friend told me that she would help me and I was thankful to the point of crying.

Meaning

This grammar pattern may be translated as 'to the extent that' or 'to the point of'. The clause that the adjectival or verbal phrase is compared to may be metaphorical and not actually occur (for example, in the above example sentence, the speaker may or may not have actually cried).

Usage

Present	Verb	-(으)ㄹ 정도로
	Adjective	-(으)ㄹ 정도로
	Noun	-일 정도로
Past (Completion)	Verb	-았/었/였을 정도로
	Adjective	-았/었/였을 정도로
	Noun	-이었/였을 정도로

E.g. ① '만세 삼창, 삼세판'이라는 표현이 있을 정도로 한국인은 '3'이라는 숫자를 좋아하는 것으로 알려져 있다.

It is known that Koreans like the number 3 to the point of using the expressions 만세 삼창 and 삼세판.

② 그 얘기는 눈물이 날 정도로 슬펐다.

The story was sad enough to bring me to tears.

③ 신랑 친구들은 함을 팔러 가서 동네가 떠나갈 정도로 크게 소리를 질렀다.

The groom's friends kept trying to sell the 함 and yelled loudly enough for the whole town to run away. (metaphorical)

Be careful!

1) Even if the event described is in the past, -(으)ㄹ 정도로 is used.

E.g. ① 그 이야기가 너무 웃겨서 눈물이 다 났을 정도로 웃었다. (X)
② 그 이야기가 너무 웃겨서 눈물이 다 날 정도로 웃었다. (O)

The story was so funny that I laughed to the point of tears.

2) The clause may simply be written as -(으)ㄹ 정도이다.

E.g. 그 얘기가 너무 웃겨서 눈물이 날 정도였다. (O)

That story was so funny that it made me laugh to the point of tears.

4

*② -기만 하다

E.g. 우리 아이는 먹기만 하고 운동을 안 해서 큰일이에요.
→ 우리 아이는 먹는 행동만 하고 운동을 안 해서 큰일이에요.

The fact that our child only eats and doesn't exercise is a big problem.

Meaning

1) When combined with verbs, this grammar pattern means that the subject only does the aforementioned action and nothing else. It combines -만 (only) with the marker -기 which turns a verb into a noun.

E.g. ① 정을 준 사람이 계속 주기만 하고 상대적으로 받지 못했다고 느끼게 될 경우 매우 섭섭해할 수도 있다.

The person who gives their heart and keeps giving without receiving equally may feel very bitter.

② 저는 아침에 우유를 마시기만 하면 배가 아파요.

Whenever I drink milk in the mornings, my stomach hurts.

③ 제 아들은 집에 오면 공부는 안 하고 놀기만 해서 걱정이에요.

I'm worried because my son doesn't study and only plays when he comes home.

2) When combined with adjectives, this grammar pattern means that only the aforementioned adjective describes the subject.

E.g. ① 한국인의 정에는 두 종류가 있다. 상대방이 예쁘고 사랑스러워서 좋기만 한 '고운 정'과 사랑과 미움이 모두 포함된 '미운 정'이 그것이다.

Koreans have two kinds of 정. There is the purely good 고운 정, where two people find each other beautiful and lovable, and then there is 미운 정, which describes a love-hate relationship.

② 성격은 안 좋은데 예쁘기만 한 사람은 별로예요.

I don't really care for people who have a bad personality and are only pretty.

③ 야채를 많이 먹으면 좋다고 하는데, 과연 좋기만 한 것일까요?

They say that it's good to eat a lot of vegetables, but can it only be good?

Usage

Verb/Adjective + 기만 하다

*③ 뭔가/ 누군가/ 어딘가/ 언젠가 ~

E.g. 이 음식 맛이 좀 싱거워요. 뭔가 양념이 빠진 것 같아요.
→ 이 음식 맛이 좀 싱거워요. 무엇인지 정확히 모르겠지만 양념이 빠진 것 같아요.

This food tastes a little bland. It seems like it's missing some seasoning.

Meaning

This grammar pattern indicates uncertainty or lack of specificity and is translated as 'something, someone, somewhere, and some time'. It is often used in speech.

Usage

뭔가/ 누군가/ 어딘가/ 언젠가 + Verb / Adjective

E.g. ① 시어머니가 너무 미웠지만 20년간 함께 살다 보니 이제는 안 계시면 보고 싶고 뭔가 허전할 것 같다.

I hated my mother-in-law a lot, but after twenty years of living together, it seems that I will miss her and something will feel empty if she is not there.

② 한국 친구에게 제가 쓴 문장을 보여 주면 한국 친구가 자주 이렇게 말해요. "이 문장은 어딘가 이상해요."

My Korean friend often says this when I show her my written sentences: "Something is strange about this sentence."

③ 그 여자를 언젠가 한 번 만났던 것 같다.

It feels as if I've met that girl once before.

4 -(으)ㅁ으로써 ~

E.g. 운동을 함으로써 살을 빼야지 굶어서 빼면 안 된다.
→ 운동하는 방법으로 살을 빼야지 굶어서 빼면 안 된다.

You have to lose weight by exercising, not by starving yourself.

Meaning

This grammar pattern combines -(으)ㅁ, which turns a verb into a noun, and -(으)로써, indicating means, a method, or a reason. It is often used in writing.

Usage

Verb + (으)ㅁ으로써 ~

E.g. ① 상대방과의 관계는 정을 받기만 하는 것이 아니라, 정을 서로 주고받음으로써 계속 유지될 수 있다.

Relationships are not just about taking; it is through mutual give and take that relationships can be maintained.

② 서로의 감정을 털어놓고 이야기함으로써 정이 쌓이는 경우가 많다.

Affection often grows through sharing feelings frankly with one another.

③ 아버지는 아들과 대화를 나눔으로써 문제를 해결할 수 있었다.

The father was able to solve the problem by talking with his son.

Be careful!

-(으)ㅁ으로써 is different from -(으)로서. -(으)로서 is combined with nouns and expresses a qualification.
(▶ Refer to 서강 한국어 5A 2과.)

E.g. ① 그는 대통령으로서 당연히 해야 할 말을 했다.

As a president, he said what he had to say.

② 부모로서 당연히 해야 할 일을 한 것입니다.

They did what they had to do as parents.

말하기 I Presenting the Results of a Study

Presenting the topic and subjects

–이/가 –을/를 대상으로 –에 대해 설문 조사한 결과는 다음과 같습니다

Meaning

Used to name the topic and subjects of a study.

E.g. ① 한국 갤럽이 2004년에 한국인 1,700명을 대상으로 좋아하는 꽃에 대해 설문 조사한 결과는 다음과 같습니다.

The following results are from a 2004 한국 갤럽 poll in which 1,700 Koreans were surveyed about what flowers they like.

② 서강 신문이 20~40대 성인 남녀 1,500명을 대상으로 자녀가 미래에 갖기를 원하는 직업에 대해 조사한 결과는 다음과 같습니다.

The Sogang newspaper surveyed 1,500 adult males and females between the ages of 20 and 50 about what they wanted their children to be in the future. The results are as follows.

Presenting the most common response

–이/가 –%로 가장 많았습니다
–이/가 가장 많은 것으로 나타났습니다
–이/가 대부분이었습니다

Meaning

Used to present the most common response to a survey. –이/가 대부분이었습니다 is used when the percentage of responses for an item was much more than 50%.

E.g. ① 조사 결과 '장미'가 41.6%로 가장 많았습니다.

The most common response was 'rose' by 41.6% of the participants.

② 자녀가 갖기를 바라는 직업으로는 '교사 • 교수'가 가장 많은 것으로 나타났습니다.

The most common response for what they wanted their child to be was 'a teacher • professor'.

③ 한 신문사가 서울에 살고 있는 2,000명을 대상으로 집값에 대해 조사한 결과 집값이 앞으로도 오를 것이라고 예상한 응답이 대부분이었습니다.

On a survey conducted by a newspaper company about house prices asked to 2,000 people living in Seoul, the majority responded that they expected house prices to continue rising.

Presenting the second most common and following responses

그 다음으로는 –이/가 –%, –이/가 –%, –이/가 –%의 순이었습니다 (순으로 나타났습니다/ 순서였습니다)

Meaning

Used to explain the second most common response and list the following responses in order.

E.g. ① 그 다음으로는 백합이 7.5%, 국화가 4.9%, 안개꽃이 4.8%의 순이었습니다.

After that, lily (7.5%), chrysanthemum (4.9%), and baby's breath (4.8%) were the next most common answers.

② 그 다음으로는 공무원이 29.5%, 의사가 12.9%, 변호사가 10.8%의 순으로 나타났습니다.

After that, government official (29.5%), doctor (12.9%), and lawyer (10.8%) were the next most common responses.

Presenting the remaining opinions

그 밖에 -다는 의견/응답도 있었습니다
그 밖에 -다는 의견/응답도 적지 않았습니다

Meaning

Used to present the remaining opinions on the survey.

E.g. ① 그 밖에 프리지어(4.5%)라는 응답도 있었습니다.

Apart from that, freesia (4.5%) was also one of the answers.

② 그 밖에 자영업(8.7%)이라는 의견도 적지 않았습니다.

Apart from that, 'self-employment' was also a common answer.

Analyzing the results of a study

이러한 결과를 통해 -다는 것을 알 수 있었습니다
이러한 결과를 통해 -(으)ㅁ을 알 수 있었습니다

Meaning

It means 'Through these results, we can conclude that (we can see that)...'. It is used to analyze the results of a study.

Usage

Verb	-ㄴ/는다는 것을	-(으)ㅁ을
Adjective	-다는 것을	-(으)ㅁ을
Noun	-(이)라는 것을	-임을

E.g. ① 이러한 결과를 통해 한국인들은 장미꽃을 가장 좋아한다는 것을 알 수 있었습니다.

Through these results, it can be seen that Koreans like roses the most.

② 이러한 결과를 통해 내년에도 집값 상승이 계속 이루어질 것임을 알 수 있었습니다.

Through these results, it can be seen that the cost of houses will rise next year as well.

③ 이러한 결과를 통해 우리 반 친구들이 가장 좋아하는 한국 음식은 순두부찌개라는 것을 알 수 있었습니다.

Through these results, we can see that the most-liked Korean food in our class is 순두부찌개.

-(으)로 나타났습니다

Meaning

Carries no specific meaning but is often used in presenting the results of a study to imply 'it was shown that'. 대부분으로 나타났습니다, -순으로 나타났습니다, 그 밖에 -도 적지 않은 것으로 나타났습니다 and similar expressions may be used.

4.

E.g. ① 설문 조사 결과, **한국인**은 3을 가장 좋아하는 것으로 나타났습니다.

The results showed that Koreans like 3 the most.

② 한 방송사의 설문 조사에 따르면 **한국인** 세 명 중 두 명은 술을 즐기는 것으로 나타났다.

According to one broadcasting company's survey, 2/3 of Koreans enjoy drinking.

읽기 I Vocabulary

Nouns

개성
individuality
이번 파티에는 각자 개성에 맞게 옷을 입고 오세요.

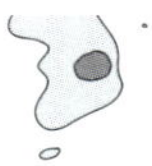

경북
province in southeast above **경상남도**
경주는 **경북** 지역에 있는데, **석굴암**이나 **불국사**와 같은 **유네스코** 지정 문화재가 있다.

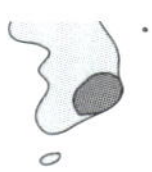

경상남도
province in southeast below **경상북도**
경상남도에는 많은 섬들이 있어서 꼭 한번 여행해 볼 만하다.

남성
male
이 백화점에서는 4층에서는 여성 의류를, 5층에서는 남성 의류를 판매하고 있다.

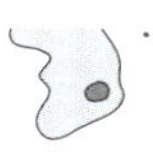

대구
third largest city in Korea, in **경북**(Kyeongbuk)
대구는 사과가 유명한 곳이다.

만세
hooray
사람들의 만세 소리에 역이 떠나가는 듯했다.
└→ **만세 삼창**
three cheers
만세 삼창을 부르다.

삼세판
best of three
① **한국** 사람들은 3을 좋아해서 무슨 일을 결정할 때에도 삼세판을 한다.
② 삼세판으로 결정하자. 먼저 두 번 이기는 사람이 무엇을 할지 결정하는 거야.

시민
citizen
지하철은 노선이 8개나 있고 가격도 싸서 시민의 발이 되고 있다.

연령 [열령]
age
① 이 대회의 참가 연령이 어떻게 됩니까?
② 연령에 따라 입장료에 약간의 차이가 있다.
└→ **연령층** [열령층]
age range
이번 콘서트에는 50, 60대까지 다양한 연령층이 1,500여 좌석을 가득 채웠다.

음주
drinking (alcohol)
음주 운전을 하면 절대로 안 돼!

인구
population
서울시의 인구는 천만 명이 넘는다.

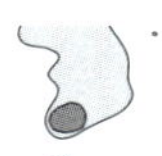

전라남도 [절라남도]
South Jeolla, province in the southwest of South Korea, southern half
전라남도에 **기차 마을**이 있는데, 이곳은 영화 **'태극기 휘날리며'**, 드라마 **'토지'** 등을 촬영했던 곳으로 유명한 곳이다.

전라북도 [절라북또]
North Jeolla, province in the southwest of South Korea, northern half
전라북도 남원은 **한국**판 '**로미오와 줄리엣**'인 '**춘향전**'의 배경이 되는 곳이다.

Verbs

(-에) 걸치다
to extend, to spread across (often used as 걸쳐(서), 걸친)
6월 30일에 시작하는 영화제 시상식은 연기상, 감독상, 작품상, 특별상 등 4개 부문에 걸쳐 진행될 예정이라고 한다.
↳ **걸쳐 있다**
to cover a certain range of distance from one point to another.
한국의 **지리산**은 **전라남도**, **전라북도**, **경상남도**에 걸쳐 있다.

(-을) 대표하다
to represent, to symbolize
미나 씨는 우리 학교를 대표하여 회의에 참석했다.

(-에 -다고) 응답하다 [응다파다]
to respond
① 노크를 여러 번 했지만, 노크에 응답하는 사람은 아무도 없었다.
② 좋아하는 **한국** 음식을 묻는 질문에 많은 외국인들이 불고기를 좋아한다고 응답했다.

(-을) 차지하다
to occupy
① **한국인**을 대상으로 한 설문 조사에서 여가 시간에 영화 감상을 한다는 대답이 26%로 2위를 차지했다.
② 우리 팀이 노래 대회에서 1위를 차지했습니다.

Adjectives

뚜렷하다
to be clear
목표가 뚜렷해야 그 목표를 이룰 수 있다.

읽기 II Vocabulary

Nouns

경조사
family event (marriage, funeral, etc.)
저희 아버지는 집안의 경조사에 빠짐없이 참석하시는 편입니다.
↳ **경조사비**
expenses for events of celebration or condolences as in weddings or funerals
영철 씨는 친구들의 경조사에 다 참석하기 때문에 경조사비로 많은 돈을 쓴다.

과언
exaggeration
그는 세계 제일의 요리사라고 해도 과언이 아니다.

노부부
elderly couple
서로 손을 꼭 잡고 걸어가는 그 노부부를 보면서 '나도 저렇게 고운 모습으로 늙어 갔으면 좋겠다'고 생각했다.

대접
treatment
① 아무리 가까운 사람이라도 대접이 소홀해서는 안 된다.
② 집들이 때 친구들을 초대해서 식사 대접을 했다.

미움
hatred
자기만 생각하고 다른 사람을 배려하지 않는 사람은 미움을 받게 마련이다.

바
thing
이 논문에서 주장하는 바를 10줄 정도로 요약하십시오.
↳ **위에서 살펴본 바**
aforementioned thing
위에서 살펴본 바와 같이 문화에 따라 생활 습관이 다르기 때문에 외국에서 생활할 경우 그 나라의 문화를 아는 것이 중요하다고 생각합니다.

부도
bankruptcy
사장님은 부도를 막으려고 며칠 동안 노력했지만 결국 부도를 막을 수는 없었다.
ㄴ, **부도가 나다**
to become bankrupt
회사는 부도가 나서 이번 달에 문을 닫아야 했다.

상갓집 [상갇찝]
house of mourning
오늘 저녁에 부친상을 당한 동료가 있어 상갓집에 가야 한다.

상대적
상대적이다 to be relative
상대적으로 relatively
① 설문 결과에 의하면 여자가 남자보다 상대적으로 오래 산다고 한다.
② 사람 사이의 관계는 상대적인 것이다. 나를 좋아하는 사람을 나도 좋아하게 되고, 나를 싫어하는 사람을 나도 싫어하게 된다.

순간적
순간적이다 to be momentary
순간적으로 in a moment, in a flash
사진기를 통해 순간적으로 사라져 가는 모습을 영원히 기록할 수 있다.

시어머니
mother-in-law (of bride)
남편은 시어머니의 성격을 많이 닮았다.

식
way, style
그런 식으로 말하거나 행동하면 다른 사람들이 상처받을 수 있지 않을까요?
ㄴ, **어떤 식으로든**
however it is done
다른 사람에게 잘못했으면 어떤 식으로든 사과해야 한다.

실적 [실쩍]
result, record (used for business)
올해 수출 실적이 지난해보다 3배 이상 증가해 5백억 달러를 넘었다.

애정
love, affection
그는 자신이 하고 있는 일에 큰 애정을 가지고 있다.

약점 [약쩜]
weak point
보통 사람들은 자기의 약점을 숨기는 경우가 많다.

연봉
annual income
그녀는 자동차 영업을 시작한 지 1년 만에 연봉 1억 원이 넘는 판매왕이 되었다.

영업
business, sales
제 친구는 회사에서 영업을 맡고 있습니다.
ㄴ, **영업 사원**
salesperson
그 영업 사원은 사람들에게 자동차를 파는 일을 하고 있다.
ㄴ, **영업 실적**
business showings, yields
그는 올해 회사에서 최고의 영업 실적을 올렸다.

일방적
일방적이다 to be unilateral, one-sided
일방적으로 unilaterally, one-sidedly
교육은 어느 한쪽에서 일방적으로 가르치기만 하는 것이 아니라 교사와 학생이 서로 배움을 주고받는 과정이다.

정
love, affection, attachment
함께 살아갈수록 부부의 정은 더 깊어집니다.
ㄴ, **고운 정**
love with purely positive feelings
고운 정만 있는 상대하고는 좋아하는 감정이 없어지면 관계도 깨지기 쉬운 것 같다.
ㄴ, **미운 정**
love-and-hate
나와 의견이 달라 하는 일마다 싸웠던 동료가 몇 년 후 자리를 옮겼는데, 왜 그리 허전하던지……. 아마 그와 오랫동안 같이 일하다 보니 미운 정이 들었나 보다.
ㄴ, **정을 쌓다**
to become attached, to form a bond
그 친구와 나는 서로의 어려움을 함께하면서 10년 넘게 정을 쌓아온 사이이다.
ㄴ, **정이 들다**
for affection to grow
그 사람하고는 정이 들어서 이제는 헤어질 수 없어요.

정서
emotion, feeling, sentiment
노래 **'아리랑'**에는 **한국** 사람의 정서가 잘 나타나 있다.

친근감
intimacy, feeling of closeness
나는 **미나** 씨를 만날 때마다 웃으며 친근감을 표시했다.

판매
sales
요즘 쇼핑몰에서 전자 제품을 할인 판매하고 있다고 한다.
└, **판매왕**
sales king, best salesman
앤디 씨는 올해 우리 회사의 판매왕으로 뽑혀 자동차를 선물로 받았다.

호의적
호의적이다 to be friendly, favorable
호의적으로 favorably
사장님은 내 제안에 호의적인 반응을 보였다.

Verbs

(-에/에게) (-을/-에 대하여) 고마워하다
to feel thankful
① 제가 어려웠을 때에 도와줬던 사람들에게 늘 고마워하며 살고 싶습니다.
② 선생님께서 저를 돌봐주신 것을 항상 고마워하며 살고 있습니다.

(-과) 더불다
to combine with, together (used only as '더불어')
① 내일은 심한 추위와 더불어 폭설이 올 것으로 예상됩니다.
② 세상은 다른 사람과 더불어 사는 곳이다.
└, **이와 더불어**
also
한국인의 특징으로 열정과 솔직함을 들 수 있다. 이와 더불어 성격이 급하다는 것도 그 특징으로 들 수 있다.

(-이) 들다
to feel, to have
그는 나와 성격이 잘 맞을 것 같은 느낌이 들었다.
└, **정이 들다**
for affection to grow

(-에/에게) 반하다
to fall in love
어머니는 아버지를 만났을 때 아버지의 멋있는 목소리와 자상한 배려에 반했대요.
└, **첫눈에 반하다**
to fall in love at first sight
영준 씨는 **혜경** 씨를 보자마자 첫눈에 반했다고 한다.

빠지다
to drop, to fall
너는 이번 일에 신경 쓰지 말고 빠지는 게 좋아.
└, **빠지지 않다**
to not miss even one
한국 음식의 특징을 말할 때 빠지지 않는 것은 '**한국** 음식은 맵다'는 것이다.

(-을) 살펴보다
to examine, to check
이번 계획의 문제점이 무엇인지 잘 살펴보아야 한다.
└, **위에서 살펴본 바**
aforementioned thing

설명되다
to be explained
이 세상에는 과학적으로 설명될 수 없는 일들이 많이 있다.

쌓다 [싸타]
to pile
앞으로 여러 사람들을 위해 그동안 쌓아 온 기술을 사용하고 싶습니다.
└, **정을 쌓다**
to become attached, to form a bond

(-이) 유지되다
to be maintained, to be kept
좋은 친구 관계가 유지되면서 우리는 10년 동안 함께 사업을 해 오고 있다.

(-이) 이루어지다
to be achieved
① 학생들의 적극적인 참여가 있어야 좋은 토론 수업이 이루어질 수 있다.
② **하늘공원**은 원래 수많은 쓰레기로 이루어진 산이었다.

4

(-다고) 정의되다
to be defined
① 사회는 다양한 사람들이 일정한 규칙 속에 사회적인 관계를 갖는 곳이라고 정의될 수 있다.
② 교육은 한 나라의 미래를 결정하는 중요한 계획이라고 정의될 수 있다.

(-을) 챙기다
to take care of
어머니, 제가 출장 갔다 올 동안에 우리 아이 좀 잘 챙겨 주세요.

Adjectives

밉다 [밉따]
to hate
내 동생은 정말 미운 짓만 골라서 한다.
↳ **미운 정**
love-and-hate

질기다
to be tough, to be tenacious
잡초는 보통 꽃보다 강하고 질긴 생명력을 가지고 있다.

허전하다
to feel empty
외국 유학을 간 딸의 방에 들어갈 때마다 매우 허전하다.

Adverbs

단순히
simply
이것은 단순히 생각할 문제가 아니다.

서서히
slowly, gradually
저녁이 되자 서서히 추워졌다.

Other

본
this (formal)
① 본 방송은 실제 있었던 사실을 바탕으로 만들어진 것입니다.
② 본 시험은 어휘•문법 시험, 읽기 시험, 쓰기 시험으로 구성되어 있습니다.
↳ **본 보고서**
this report
본 보고서에는 **한국인**의 정에 대하여 분석한 결과가 들어 있습니다.

-왕
suffix attached to a noun to indicate 'great' or 'best'
① 발명왕, 싸움왕, 저축왕, 판매왕.
② **앤디** 씨는 일 년 동안 우리 학교에서 저축을 가장 많이 해서 저축왕으로 뽑혔다.

Unit 5

성격 유형 Personality Types

읽기 I·II Grammar

*① -만큼 ~

E.g. 나는 너만큼 키가 컸으면 좋겠다.
→ 나는 너와 비슷하게 키가 컸으면 좋겠다.
It would be nice if I were as tall as you.

Meaning

1) '-만큼' means 'to a similar degree'. It is often used as 'as' when making comparisons.

E.g. ① 철수 씨도 앤디 씨만큼 능력이 뛰어나다.
Cheolsu is also as gifted as Andy.

② 창의력만큼 사람들을 즐겁고 용기 있게 만드는 것은 없다.
Nothing gives as much enjoyment and courage as creativity.

③ 미나 씨는 외국에 가도 여기에서만큼 열심히 공부할 것 같아요.
Even if Mina goes to a foreign country, she will study as hard as she does here.

2) '-만큼이나' combines '-만큼' and '-(이)나' to emphasize the degree. There is a hint of surprise because of the great degree when -(이)나 is attached.

E.g. ① 사람은 외모만큼이나 성격도 다양하다.
(사람은 외모가 다양한 것처럼 성격도 다양하다.)
People's personalities are just as diverse as their looks.

② 이만큼이나 드리는데 가격을 더 깎지 마세요.
(이 정도로 많이 드리는데 가격은 더 깎지 마세요.)
I'm already giving you so much. Please don't ask me to cut down the price anymore.

③ 우리 사이에는 밤하늘의 별만큼이나 수많은 추억들이 있다.
(우리 사이에는 밤하늘 별의 수처럼 수많은 추억들이 있다.)
Our relationship has as many memories as there are stars in the sky.

Usage

Noun + 만큼

TIP
-만큼 may also be combined with verbs and adjectives.

	Verb	Adjective
Present	-는 만큼	-(으)ㄴ 만큼
Past (Completion)	-(으)ㄴ 만큼	·
Future	-(으)ㄹ 만큼	·

E.g. ① 네가 아는 만큼은 나도 아니까 무시하지 마.

Don't look down on me because I know just as much as you do.

② 네가 네 아이를 사랑하는 만큼 나도 내 아이를 사랑한다.

I love my child as much as you love yours.

③ 사탕이 많이 있으니까 네가 가지고 싶은 만큼 가져.

There's plenty of candy, so take as much as you want.

④ 씨를 뿌린 만큼 열매를 거둡니다.

They gathered as much fruit as seeds were planted.

⑤ 이제는 혼자서도 걸을 수 있을 만큼 몸이 회복되었습니다.

Now his body was restored to the point that he could even walk by himself.

⑥ 우리는 참을 수 없을 만큼 화가 났어요.

We were angry to the point of not being able to take it anymore.

When -만큼 means 'to a similar point/extent/degree', it may be exchanged with -정도. (▶ '-(으)ㄹ 정도로' refers to 서강 한국어 5B 4과.)

E.g. ① 네가 아는 만큼은 나도 아니까
(아는 정도는)
무시하지 마.

Don't look down on me because I know just as much (the same extent) as you do.

② 우리는 참을 수 없을 만큼 화가
(없을 정도로)
났어요.

We were angry to the point of not being able to take it anymore.

*❷ -(으)ㄹ 필요/ 기회/ 계획/ 예정/ 가능성 ~

E.g. 취직을 하기 위해서는 외국어를 열심히 공부해야 할 필요가 있다.
→ 취직을 하기 위해서는 외국어를 열심히 공부해야 한다.

In order to get a job, one needs to study a foreign language well.

Meaning

-(으)ㄹ is used before a plan or thought about an event that has not happened yet.

Usage

Verb + (으)ㄹ 필요/ 기회/ 계획/ 예정/ 가능성 ~

E.g. ① 일주일 동안 일하느라 녹초가 된 몸과 마음을 재충전할 필요를 느끼기 때문이다.

It's because after a week of working, he would need to recharge his exhausted body and mind.

② 제가 어렸을 때는 컴퓨터를 배울 필요가 없었어요.

When I was little, there was no need to learn how to use a computer.

Be careful!

Even when talking about the past, -(으)ㄹ is used for these constructions, as they are unset actions.

E.g. ① 한국어를 열심히 배웠는데도 사용할 기회가 없어서 거의 다 잊어버렸어요.

Despite diligently studying Korean, I've almost forgotten everything because I haven't had a chance to use it.

② 한국에서 계속 살 계획은 없었는데 이렇게 계속 살고 있네요.

I didn't plan to continue living in Korea but I've lived here for this long.

③ 내년에는 외국에 나가서 일을 해 볼 예정입니다.

I'm planning to look for a job abroad next year.

*③ -다는 듯이 ~

E.g. 언니는 피곤하다는 듯이 방 안으로 들어가 버렸다.

→ 언니는 피곤하다고 말하는 것처럼 방 안으로 들어가 버렸다.

My sister went to her room, as if to show she was tired.

Meaning

A다는 듯이 B expresses that action B is done as if to show A.

Usage

Present	Verb	-ㄴ/는다는 듯이
	Adjective	-다는 듯이
	Noun	-(이)라는 듯이
Past (Completion)	Verb	-았/었/였다는 듯이
	Adjective	-았/었/였다는 듯이
	Noun	-이었/였다는 듯이
Negative	Verb	-지 않는다는 듯이
	Adjective	-지 않다는 듯이
	Noun	-이/가 아니라는 듯이
Command	Verb	-(으)라는 듯이
Negative Command	Verb	-지 말라는 듯이
Proposal	Verb	-자는 듯이
Question	Verb	-냐는 듯이
	Adjective	-냐는 듯이
	Noun	-(이)냐는 듯이

E.g. ① 남편은 아내의 이야기를 들을 때마다 별로 관심이 없다는 듯이 계속 (“없다.”라고 말하는 것처럼) 텔레비전만 쳐다보기 일쑤이다.

Whenever the husband listens to his wife, he usually continues to only stare at the television, as if to show that he is uninterested.

② 그 사람은 바쁘다는 듯이 급하게 (“바쁘다.”라고 말하는 것처럼) 사무실을 나갔다.

That person quickly went out of the office, as if to say that he/she were busy.

5

③ 할머니는 나를 보자 어서 오라는 듯이
("와라!"라고 말하는 것처럼)
웃으셨다.

My grandmother saw me and smiled as if she was saying: "Hurry up and come in!"

④ 미나는 집에 가자는 듯이 손짓을 했다.
("가자."라고 말하는 것처럼)

Mina made a hand gesture as if to say: "Let's go home."

⑤ 민수는 손님들이 일어서자 왜 벌써 가냐는 듯이 섭섭한 표정을 지었다.
("가요?"라고 말하는 것처럼)

When the guests got up, Minsu made a sad expression as if to ask why they were already leaving.

Be careful!

	-(으)ㄴ/는/(으)ㄹ 듯이 (▶ Refer to 서강 한국어 5A 7과.)	-다는 듯이
Similarities	The first and second clauses are compared and deemed to be similar.	
Differences	Usually expresses that the first and second clauses are the same. Expresses the speaker's conjecture.	Uses an indirect quotation to say that the subject's action implies something (as if saying..., as if showing...).
E.g.	친구가 피곤한 듯이 의자에 앉았다. My friend sat down as if he were tired.	엄마는 나를 보자 어서 오라는 듯이 웃으셨다. My mother saw me and smiled, as if to say "Hurry up and come in!"

4 -기(가) 일쑤(이)다

E.g. 두 사람은 성격이 달라 말만 시작하면 싸우기 일쑤이다.
→ 두 사람은 성격이 달라 말만 시작하면 자주 싸운다.

Because their personalities are different, even if one of them were to simply say something, a fight would often start.

Meaning

This grammar pattern implies that the action or state often happens. It is generally used when something often happens by itself rather than by one's will. It is often shortened to -기 일쑤다.

Usage

Verb + 기(가) 일쑤(이)다

E.g. ① 남편은 아내의 이야기를 들을 때마다 별로 관심이 없다는 듯이 계속 텔레비전만 쳐다보기 일쑤이다.

Whenever the husband listens to his wife, he usually continues to only stare at the television, as if to show that he is uninterested.

② 미나 씨는 아침잠이 많아서 지각하기 일쑤이다.

Mina is often late because she isn't a morning person.

③ 일하는 사람이 많으면 사람들 사이에 의견 차이가 나기 일쑤다.

If there are many workers, opinions will usually differ between them.

Be careful!

This grammar pattern is normally used in negative contexts.

E.g. ① 철수는 열심히 공부해서 1등하기 일쑤야. (X)

② 그 사람은 성실해서 주변 사람들한테 칭찬받기 일쑤이다. (X)

⑤ -기란 ~

E.g. 싫어하는 사람과 함께 일을 하기란 그리 쉬운 일이 아니다.
→ 싫어하는 사람과 함께 일을 하는 것은 매우 힘든 일이다.

Working with someone you hate is not an easy task.

Meaning

This grammar pattern is similar in meaning to -는 것은 but adds more emphasis.

E.g. 아이를 키우면서 일을 하기란 (하는 것은) 정말 힘든 일이에요.

Raising a child while holding a job is a very difficult task.

Usage

Verb + 기란 ~

1) -기란 is often followed by a negative comment, such as 어렵다, 힘들다, and 불가능하다.

E.g. 그의 책상에서 빈자리를 찾기란 거의 불가능하지만, 일을 처리하는 데는 별 문제가 없다.

It's almost impossible to find an empty spot on his desk, but he has no problem handling his work.

2) It is often used with the adverb 여간 and a negative phrase which create a double negative sentence.

E.g. ① 10층까지 걸어서 올라가기란 여간 어렵지 않아요.
(아주 어려워요.)

Walking up to the tenth floor is not an easy task.
(= not not difficult)

② 정든 친구들과 헤어지기란 여간 섭섭한 일이 아니에요.
(아주 섭섭한 일이에요.)

Separating with friends you have become close to is sad.
(= not not sad)

말하기 I Personality Terms

겸손하다

to be modest

E.g. ① 벼도 익으면 고개를 숙인다는 속담이 있듯이 사람도 많이 배울수록 겸손해야 한다.

Just as there is a saying 'When the grain is ripe, it lowers its head.' one must be more modest as one learns.

② A: 유나 씨는 누구와 일하는 것이 제일 좋아요?
B: 음……, 민우 씨요. 왜냐하면 민우 씨는 겸손한 성격이라, 잘난 척하지 않고 다른 사람의 의견을 존중해 주거든요.

A: Yuna, who do you like working with the most?
B: Um...Minwoo. Because he's modest, he doesn't show off and he respects others' opinions.

까다롭다

to be picky, to be fastidious

※ 까다로워요/까다로운/까다롭습니다

E.g. ① 할아버지는 입맛이 매우 까다로운 분이라 식사 준비하기가 어렵다.

Preparing food for my grandfather is difficult because he is a picky eater.

② A: 앤디 씨는 왜 아직 결혼을 안 했대요?
B: 여자가 머리도 좋아야 하고, 얼굴도 예뻐야 하고……, 배우자를 고르는 기준이 너무 까다로워서 그래요.

A: Why hasn't Andy gotten married yet?
B: He wants a girl who's smart, and pretty. It's because his standards are very high (picky).

꼼꼼하다

to be meticulous

E.g. ① 우리 선생님은 모든 일에 빈틈없이 정확하고 꼼꼼하시다.

Our teacher is accurate and meticulous about everything.

② A: 저는 일을 할 때 실수를 많이 하는 편이에요. 좀 더 꼼꼼하고 확실하게 일을 하고 싶어요.
B: 일을 너무 급하게 하지 마시고요, 천천히 여러 번 살펴보면 실수를 줄일 수 있어요.

A: When I work, I make a lot of mistakes. I want to be able to do my job accurately and meticulously.
B: Don't rush when doing something. If you look over it slowly several times, you'll decrease your mistakes.

단순하다

to be simple, to be simple-minded

E.g. ① 그는 단순한 편이라 다른 사람이 한 말을 그냥 다 믿는 편이다.

He believes other people's words because he's simple-minded.

② A: 제 남편은 너무 단순한 것 같아요.
B: 왜요?
A: 어떤 문제가 생겨도 깊이 고민하거나 복잡하게 생각하는 것을 싫어하거든요.

A: I think my husband is too simple-minded.
B: Why?
A: No matter what problem arises, he hates thinking about it deeply or complexly.

변덕스럽다 [변덕스럽따]

to be capricious, to be unpredictable, to be fickle, to be whimsical

※ 변덕스러워요/변덕스러운/변덕스럽습니다

E.g. ① 우리 이모는 무척 변덕스러워서 기분에 따라 약속을 취소할 때가 많다.

My aunt often cancels appointments according to her mood because she is fickle.

② A: 요즘 날씨가 변덕스러우니까 꼭 우산을 가지고 가.
B: 알겠어요, 엄마.

A: Bring an umbrella because the weather is unpredictable lately.
B: Yes, mom.

보수적이다

to be conservative

E.g. ① 우리 아버지는 매우 보수적이어서 여자는 절대로 담배를 피워서는 안 된다고 생각하신다.

My father is extremely conservative so he believes that girls should never smoke.

② A: 정현 씨, 벌써 집에 들어가려고요? 아직 10시밖에 안 됐어요.
B: 죄송해요. 저희 아버지가 좀 보수적인 분이라서, 11시 전까지는 집에 꼭 들어와야 한다고 하세요.

A: Jeonghyeon, you're going home already? It's only 10 o'clock.
B: Sorry. My dad's conservative, so he says I have to get home before 11 o'clock.

시원시원하다

to be straightforward, to be lively, to be outspoken

E.g. ① 언니는 목소리도 크고 성격이 시원시원합니다.

My older sister is loud and lively.

② A: 존 씨는 자신의 성격 중에 바꾸고 싶은 것이 있어요?
B: 네, 저는 말하기 전에 생각을 많이 하는 편이에요. 만약 성격을 바꿀 수 있다면 시원시원하게 말하고 행동하는 사람이 되고 싶어요.

A: John, is there something you want to change about your personality?
B: Yes, I tend to think a lot before I speak. If I could change my personality, I'd want to be more straightforward in my speech and actions.

싫증을 잘 내다

to be easily bored

E.g. ① 우리 아이는 싫증을 잘 내는 편이라, 오랫동안 앉아서 공부하는 것을 힘들어 한다.

It's hard for our child to sit and study for a long time because he gets bored easily.

② A: 우성 씨한테 어떤 일이 어울릴까요?
B: 우성 씨는 금방 싫증을 잘 내는 편이니까 변화가 많은 일이 잘 어울릴 것 같아요.

A: What job would be suitable for Wooseong?
B: Since Wooseong gets bored very easily, a job with many changes would be good for him.

예술 감각이 있다

to have a good artistic sense

E.g. ① 그는 예술 감각이 있는 편이라 그림도 잘 그리고 악기도 금방 배운다.

He draws well and plays instruments well because he has a good artistic sense.

② A: 가족 중에서 음악, 미술, 무용 등을 잘하는 사람이 있어요?
B: 네, 제 동생이 예술 감각이 있어서 어릴 때부터 음악을 들으면서 음악에 맞춰 춤을 추거나 피아노를 치는 것을 좋아했어요.

A: Is there someone in your family who is good at music, art, dance, etc.?
B: Yes, from early childhood, my younger sibling liked to listen to music and dance along to it or play the piano because he had a good artistic sense.

5

융통성이 있다/없다

to be flexible/inflexible

E.g. ① 융통성이 있는 사람은 변하는 상황에 잘 적응한다.

Flexible people adapt to changing situations well.

② A: 민수 씨는 왜 그렇게 융통성이 없니?
B: 그러게 말이야. 조금만 다르게 생각해 보면 서로가 좋을 텐데 민수 씨는 항상 자신의 방식만을 고집하는 것 같아.

A: Why is Minsu so inflexible?
B: I know, right? It would be good for both of us if he thought just a little differently, but he is always stubborn about his own ways.

이기적이다

to be selfish

E.g. ① 나는 좋은 것은 모두 다 자기가 가지려는 동생의 이기적인 행동에 화가 났다.

I got mad at my little brother for selfishly intending to take all the good things.

② A: 준희 씨는 어떤 사람을 싫어해요?
B: 다른 사람을 생각하지 않고 자기 이익만 생각하는 이기적인 사람요.

A: Junhee, what kind of people do you dislike?
B: People who don't think about others and selfishly think only about their own benefits.

이성적이다

to be reasonable, to be rational

E.g. ① 흥분해 있을 때는 이성적으로 판단하기 어려울 때가 많다.

It's often difficult to make a rational judgment when you are excited.

② A: 수영 씨 성격은 어때요?
B: 수영 씨는 예상하지 못한 어려운 일을 당해도 감정적으로 행동하기보다는 이성적으로 일을 잘 해결하는 사람이에요.

A: How is Suyeong's personality?
B: When she faces an unexpected problem, rather than acting on emotions, she solves it sensibly.

직선적이다 [직썬저기다]

to be direct, to be frank

E.g. ① 그는 다른 사람의 잘못을 너무 직선적으로 지적하는 편이라서 친구가 그리 많지 않은 편이다.

He doesn't have many friends because he frankly points out people's mistakes.

② A: 저는 성격이 너무 직선적이라서 고민이에요. 제가 하고 싶은 말은 다른 사람에게 상처를 주더라도 다 해 버리는 편이거든요.
B: 그래도 저는 세이코 씨의 그 솔직함이 좋은데요.

A: I'm worried because I'm too frank. Even though what I want to say hurts others, I end up saying it.
B: Even so, I like your (Seiko) honesty and straightforwardness.

차분하다

to be calm, to be cool, to be relaxed

E.g. ① 그 노래를 들으면 마음이 편안하고 차분해진다.

If you listen to that song, you will feel at ease and relaxed.

② A: 우리 아이는 성격이 너무 급해서 크고 작은 실수를 많이 저지른답니다.
성격을 좀 차분하게 바꿀 수 있는 방법이 없을까요?
B: 종이접기나 바둑같이 집중해서 해야 하는 취미 생활을 시켜 보세요.

A: Our child is so impatient that he makes a lot of big and small mistakes. Is there any way to calm him down?
B: It'll be good if you have him pick up a hobby that requires concentration, like paper folding or 바둑 (Oriental Chess).

털털하다

to be easygoing, to be free and easy, to be unaffected

E.g. ① 우리 사장님은 성격이 털털해서 모든 사람과 편하게 지낸다.

Because our president is easygoing, he gets along with everyone very well.

② A: 김 선생님은 성격이 털털하신 것 같아요.
B: 저도 그렇게 생각해요. 그래서 누구든지 편하게 대하시고, 옷도 언제나 편하게 입으시죠.

A: Professor Kim seems very easygoing.
B: I think so too. That's why he treats everyone in an easygoing manner and always dresses very casually.

읽기 I Vocabulary

Nouns

객관적 [객꽌적]
객관적이다 to be objective
객관적으로 objectively
신문은 객관적인 사실을 독자에게 전해야 한다.

검사
test
I.Q. 검사를 했는데, 검사 결과는 다음 주에 알 수 있대요.
↳ **심리 검사**
psychological evaluation
심리 검사를 해 보니 우울증이 있다는 결과가 나왔어요.

기준
standard, criteria
회사에서는 일한 기간, 업무 능력 등 몇 가지 기준에 따라 그 사람의 연봉을 결정한다.

별자리 [별짜리]
constellation, zodiac sign (Greek)
계절에 따라 하늘의 별자리가 달라진다.

분석적 [분석쩍]
분석적이다 to be analytical
분석적으로 analytically
연구를 할 때는 분석적으로 생각해야 한다.

사물
thing, object (formal)
아이들은 호기심이 많아서 모든 사물에 대해 관심이 많다.

에너지
energy
나는 가족들과 대화하는 것을 통해 에너지를 얻는다.

외부
the outside
이번 일은 외부 사람들의 의견을 듣고 결정해야 한다.

이론
theory
아인슈타인(Einstein, Albert)은 1916년에 일반 상대성 이론을 발표했다.

현실적 [현실쩍]
현실적이다 to be realistic, practical
현실적으로 realistically, practically
그의 주장은 현실적인 상황을 전혀 고려하지 않은 것이다.

혈액형 [혀래켱]
blood type
혈액형에 따라 성격과 공부 방법이 다르다고 들었는데 사실입니까?

효율적 [효율쩍]
(↔ 비효율적) **효율적이다** to be efficient
효율적으로 efficiently
짧은 시간에 효율적으로 공부하는 방법을 알려 주세요.

Verbs

(-을) 맺다 [맫따]
to tie
오랜 전쟁 끝에 두 나라는 휴전 협정을 맺었다.
↳ **관계를 맺다**
to form a relationship
두 사람은 친구의 소개로 만나 부부 관계를 맺게 되었다.

파악하다 [파아카다]
to grasp, to understand
선생님은 학생들의 요구를 정확하게 파악해서 수업에 적용해야 합니다.

흔들리다
to waver, to shake (for one's heart to waver)
(usually used as **마음이 흔들리다**)
다시는 여자 친구를 안 만나려고 했는데, 여자 친구의 얼굴을 보자마자 마음이 흔들렸다.

Adjectives

신중하다
to be prudent
이번 일은 회사 전체의 운명이 달려 있기 때문에 신중하게 진행해야 한다.

MBTI Personality Types

감각형
sensing
감각형인 **미나** 씨는 직접 경험한 것을 믿는 편이기 때문에 직접 수집한 자료를 중요하게 생각한다.

감정형
feeling
감정형은 "나는 이 결정을 어떻게 느끼고 있는가?", "이 결정이 나를 비롯한 다른 사람들에게 어떤 영향을 미칠까?"라는 질문을 하며 주변 상황을 생각하며 결정을 내리는 편이다.

내향형
introverted
내향형인 **석훈** 씨는 조용한 장소에서 혼자 책 보는 것을 좋아한다.

사고형
thinking
사고형은 결정을 할 때 "이것을 고를 때 장점은 무엇이고 단점은 무엇인가?", "결과는 어떻게 될 것인가?"를 질문하며 논리적으로 분석하는 편이다.

외향형
extroverted
외향형인 **앤디** 씨는 새로운 사람들을 만나는 것을 좋아한다.

인식형
perceptive
인식형인 **민정** 씨는 일을 끝내는 것보다는 일을 시작하는 것을 즐긴다.

직관형 [직꽌형/직꽈녕]
intuitive
직관형인 사람들은 보통 뛰어난 상상력을 가지고 있거나 새로운 아이디어를 생각해 내는 경우가 많다.

판단형
judging
판단형인 **소라** 씨의 책상은 항상 깨끗하게 잘 정리되어 있다.

읽기 II Vocabulary

Nouns

나름
oneself (usually used as 나름대로, 나름으로)
이건 그냥 제 나름의 생각이니까 듣고 나서 화내지 마세요.
ㄴ **나름대로**
with one's capacity, in one's own way
① 동물들도 그 나름대로 의사소통을 한다.
② **미나** 씨가 그렇게 한 것에는 나름대로 이유가 있을 것이다.

녹초
exhausted
심하게 운동한 후 완전히 녹초가 되어 집에 들어와서 씻지도 못한 채 잠이 들었다.
ㄴ **녹초가 되다**
to become exhausted

방해
hindrance
조용히 공부에 집중하고 싶은데 동생들의 떠드는 소리 때문에 자꾸 방해를 받는다.
ㄴ **(-에/에게) 방해받다**
to be hindered
나는 휴식 시간에는 누구에게도 방해받지 않기를 바란다.

비효율적
(↔ 효율적) 비효율적이다 to be inefficient
비효율적으로 inefficiently
잠을 자지 않고 시험 하루 전날 공부하는 것이 비효율적일 수도 있다.

서류함
filing cabinet
중요한 서류는 서류함에 보관해 주세요.

소용
use, good
아이가 싫어하는 공부를 억지로 시키는 것이 아이에게 무슨 소용이 있을까?
ㄴ **소용없다**
to be no use

아이디어
idea
새 광고에 대한 회의에서 **영희** 씨가 아주 좋은 아이디어를 내 놓았다.

이상적
이상적이다 to be ideal / 이상적으로 ideally
미나 씨가 이상적으로 생각하는 배우자는 착하고 현실적으로도 안정된 직업을 가지고 있는 사람이다.

조직적 [조직쩍]
조직적이다 to be systematic
조직적으로 systematically
우리들은 조직적으로 일을 해서 정해진 시간에 잘 끝냈다.

책장 [책짱]
bookshelf
나는 이사하자마자 먼저 많은 책들을 책장에 하나씩 정리하기 시작했다.

처리
handling, treatment, data processing
새 컴퓨터는 예전 컴퓨터에 비해 처리 속도가 2배 정도 빠르다.
ㄴ **(-을) 처리하다**
to handle, to treat, to deal with
① 저에게 맡겨 주시면 제가 알아서 그 일을 빈틈없이 잘 처리하겠습니다.
② 이렇게 중요한 일을 아무렇게나 처리하는 당신의 태도를 이해할 수 없습니다.

Verbs

(-을) 결재하다 [결째하다]
to approve, to authorize
사장님은 매일 아침 많은 서류를 결재한 다음에 일을 시작한다.

(-에) 대처하다
to handle, to cope with
현대 사회는 변화가 너무나 빠르기 때문에 변화에 잘 대처하는 사람만이 성공할 수 있습니다.

비다
to be empty
※ 비어요/비는/빕니다
아이는 빈 컵에 우유를 따랐다.

(-을 -처럼) (-을 -게) 여기다
to consider (as)
① 정이 많은 **미나** 씨는 남의 아픔을 자기 아픔처럼 여긴다.
② 나는 그 일을 중요하지 않게 여겼다.

(-을) 재충전하다
to recharge
에너지를 재충전하기 위해 그는 휴일에 조용히 집에서 쉬기로 했다.

(-에) 틀어박히다 [트러바키다]
to shut oneself in, to stay indoors
주영 씨는 시험 날짜가 다가오자 주변 사람들과 연락도 끊은 채 방 안에 틀어박혀 공부만 했다.

(-을) 해내다
to accomplish, to achieve
그는 한 번 하기로 결심한 일이면 무슨 일이든 결국 해내고 만다.

(-을) 허비하다
to waste (money, time, energy, youth...etc)
중요하지도 않은 일에 돈과 시간을 허비하지 마라.

(-을) 흩다 [흗따]
to scatter
책상 위에 있던 서류를 흩어서 종류별로 다시 정리했다.
ㄴ **흩어 놓다**
to scatter (on a surface)
아이들이 장난감을 여기저기에 흩어 놓고 놀고 있었다.

Adjectives

깔끔하다
to be clean, to be immaculate
아이가 책상을 깔끔하게 정리해 놓아서 잘했다고 칭찬을 해 주었다.

어지럽다 [어지럽따]
to be dizzy, to be messy
※ 어지러워요/어지러운/어지럽습니다
책상 위가 서류 때문에 너무 어지러우니까 좀 정리해 주세요.

Adverbs

도무지
at all (used with negative, often indicates inability to understand or believe something)
열심히 공부하는데도 도무지 성적이 오르지 않는다.
ㄴ **도무지 이해 못하다**
to be unable to understand at all

모처럼
much-awaited, at last, after a long time
모처럼 여행을 떠나려고 했는데 갑자기 집에 일이 생기는 바람에 취소하고 말았다.

절레절레
mimetic to express shaking of the head from side to side
그는 도저히 믿기지 않는다는 듯이 머리를 절레절레 흔들었다.

철저히 [철쩌히]
thoroughly
① 그는 자기가 한 약속은 아주 철저히 지키는 사람이다.
② 경찰은 교통 법규 위반 차량을 철저히 단속하기로 했다.

Expressions

소귀에 경 읽기
to knock at a deaf man's door, to say something to someone who will not understand (= **쇠귀에 경 읽기**)
엄마는 아침에 일찍 일어나라고 계속 이야기했지만, 아이한테는 '소귀에 경 읽기'였다.
ㄴ **경**
Buddhist scripture
스님은 매일 아침에 경을 읽는다.

Unit 6

사회 Society

읽기 I • II Grammar

① -(으)ㄴ/는 가운데 ~

E.g. 불이 모두 꺼진 가운데 드디어 공연이 시작되었다.
→ 불이 모두 꺼지고 그 꺼진 상태에서 드디어 공연이 시작되었다.

While all the lights were off, the performance finally started.

Meaning

This grammar pattern expresses 'in the middle of a situation or an event'.

Usage

	Present	Past (Completion)
Verb	-는 가운데	-(으)ㄴ 가운데
Adjective	-(으)ㄴ 가운데	•

E.g. ① 지난해 출산율이 1.08명으로 사상 최저를 기록한 가운데 우리나라 성인 남녀의 절반 이상이 '결혼을 안 해도 상관없다'는 생각을 가지고 있는 것으로 나타났다.

Last year, while the birth rate reached the historical low of 1.08, more than half of our country's adult males and females had such thoughts as, 'I don't care if I don't get married.'

② 옆집 부부는 내가 보는 가운데 부부 싸움을 벌였다.

While I was looking at the couple next door, they started to fight.

③ 어리둥절한 가운데 그가 불려 갔다.

In the middle of the confusion, he was summoned.

④ 교통사고가 난 가운데 운전자가 도망을 쳤다.

In the middle of the traffic accident, the driver ran away.

② -는 셈이다

E.g. 그는 보통 밤 3시에 잠이 드니까 하루에 총 4시간 정도 자는 셈이다.
→ 그는 보통 밤 3시에 잠이 드니까 계산해 보면 하루에 총 4시간 정도 자는 것이다.

Since he usually sleeps at 3AM, (based on that calculation) he sleeps a total of about four hours a day.

Meaning

This grammar pattern is used to summarize the results or average of a calculation or the conclusion of an analysis. It is similar to saying '-와/과 거의 마찬가지다'.

Usage

	Present	Past (Completion)
Verb	-는 셈이다	-(으)ㄴ 셈이다

6

E.g. ① 서울 지역에서만 매일 평균 22명의 초•중•고교생이 해외로 공부를 위해 떠나는 셈이다.

In Seoul alone, 22 elementary/middle/high school students on average go abroad to study everyday.

② 편지를 지난달에도 한 번 썼고 이번 달에도 한 번 썼으니 대개 한 달에 한 번은 쓰는 셈이다.

I wrote a letter last month as well as this month, so I write about one letter a month.

③ 열 살 때 이사를 왔으니까 이 집에서 10년을 산 셈이지요.

Since I moved here when I was ten, I've lived here for about ten years.

④ 오전에 2시간, 오후에 3시간 작업을 했으니까 오늘은 일을 많이 한 셈이다.

I worked two hours in the morning and three in the afternoon, so I've worked a lot today.

*3 -다(고) 치다

E.g. A: 학교를 그만두고 돈을 벌 거야.
B: 그래? 좋아. 학교는 그만둔다고 치자. 그런데 너같이 어린 애가 어떻게 돈을 벌 건데?
→ 그래? 좋아. 학교를 그만둔다고 생각해 보자(가정해 보자). 그런데 너같이 어린 애가 어떻게 돈을 벌 건데?

A: I'm going to quit school and earn money.
B: Really? Fine. Let's say you quit school. But how is a young kid like you going to earn money?

Meaning

This grammar pattern is used to acknowledge the other speaker's point as valid, but to point out the problems even if the point is valid. Thus, a negative point about the other speaker's view is often presented after -다고 치다. It is often used in the form 그렇다고 치다 or 그건 그렇다 치고. It may be translated as 'Let's say (your point is valid)...'.

Usage

Present	Verb	-ㄴ/는다고 치다
	Adjective	-다고 치다
	Noun	-(이)라고 치다
Past (Completion)	Verb	-았/었/였다고 치다
	Adjective	-았/었/였다고 치다
	Noun	-이었/였다고 치다

E.g. ① 그럼, 이미나 씨의 말대로 조기 유학이 영어를 배우는 데 가장 효과적이라고 칩시다. 하지만 조기 유학에 따르는 다른 부작용은 생각하지 않으십니까?

So as you say, let's say that studying abroad is the most effective way to learn English. But aren't there negative consequences from studying abroad at a young age?

② 지금 바로 출발한다고 쳐도 거기까지 가는 데 두 시간은 넘게 걸릴 거야.

Even if we do leave right now, it'll take over two hours to get there.

③ A: 나 이제 회사 더 이상 못 다니겠어. 내일 그만둘 거야.
B: 그래, 회사는 그만둔다고 치자. 그럼, 뭐 먹고 살 거야?

A: I can't work at this company anymore. I'm going to quit tomorrow.
B: Okay, let's say you do quit. Then, how are you going to make a living?

④ A: 한국어를 잘하려면 문법을 많이 알아야 합니다.
B: 뭐, 일단 그렇다고 칩시다. 그런데 문법만 잘 알면 한국어를 유창하게 할 수 있을까요?

A: If you want to learn Korean well, you have to know a lot of grammar.
B: Well, let's say that's true. But does knowing grammar well necessarily mean that you can speak Korean fluently?

*④ -다면 몰라도 ~

E.g. 세상에 남자가 하나도 없다면 몰라도 절대 그 남자와는 결혼하지 않겠다.
→ 세상에 남자가 하나도 없다면 (혹시) 그 남자와 결혼할 수도 있지만 그렇지 않기 때문에 나는 절대 그 남자와 결혼하지 않겠다.

Unless there are no other men left on earth I will not marry that man.

Meaning

1) A다면 몰라도 B expresses that if A were to happen, B may happen, but since that is not realistic, the speaker will not do B. The second clause (B) emphasizes a strong conclusion. It may be translated in English as 'unless', but in the clause containing -다면 몰라도, the speaker expresses the undesirability of that situation.

E.g. 정말 사랑하는 사람을 만난다면 몰라도
Unless I meet someone I truly love,
(A: a very unlikely possibility)

나는 절대 결혼하지 않을 것이다.
I will never get married.
(B: conclusion)

2) -다면 몰라도 may be written as -(으)면 몰라도.

E.g. ① 그쪽에서 정중하게 부탁하면 몰라도 내가 먼저 도와주지는 않을 것이다.

I won't help him unless he asks me politely first.

② 부모님이 먼저 연락하시면 몰라도 내가 먼저 연락하지는 않을 것이다.

I won't contact my parents unless they contact me first.

Usage

Present	Verb	-ㄴ/는다면 몰라도
	Adjective	-다면 몰라도
	Noun	-(이)라면 몰라도
Past (Completion)	Verb	-았/었/였다면 몰라도
	Adjective	-았/었/였다면 몰라도
	Noun	-이었/였다면 몰라도

E.g. ① 정체성이 어느 정도 갖추어진 나이에 유학을 간다면 몰라도 너무 어린 나이에 가는 것은 많은 문제점을 낳을 수 있다고 생각합니다.

I think that unless it is done at an age where the child's identity is established to some extent, studying abroad at an early age can cause many problems.

② 먼저 사과한다면 몰라도 나는 다시는 그 사람 안 만날 거야.

I won't meet that person again unless he apologizes first.

③ 거짓말이라면 몰라도 진수가 일등 했을 리는 없을 것이다.

Unless it's a lie, there's no way Jinsu came in first place.

6

④ 너라면 몰라도 다른 사람이랑은 같이 안 갈래.

I won't go with anyone else unless it is with you.

말하기 I Debating

To assert or insist upon one's opinion 〈Expressing a point〉

제 생각에는 -다고 봅니다

(▶ Refer to 서강 한국어 4A 6과.)

Meaning

Used in formal situations to logically express one's point of view. It means 'I think…'.

Usage

Verb	-ㄴ/는다고
Adjective	-다고
Noun	-(이)라고

E.g. ① 길거리 흡연을 제한하는 것은 지나치다고 봅니다.

I believe that banning smoking on the streets is over the top.

② 성형 수술의 유행은 지나친 외모 중심적인 사회 분위기 때문이라고 봅니다.

I believe that the reason plastic surgery is popular is because of society's overemphasis in appearance.

To assert or insist upon one's opinion 〈Quoting〉

-에 의하면 -다고 합니다
-에 따르면 -다고 합니다

(▶ Refer to 서강 한국어 5B 1과.)

Meaning

Used to quote information or someone else's words. It means 'according to…'.

Usage

	Present	Past (Completion)
Verb	-ㄴ/는다고	-았/었/였다고
Adjective	-다고	-았/었/였다고
Noun	-(이)라고	-이었/였다고

E.g. ① 남녀 대학생을 대상으로 설문한 결과에 의하면 응답자의 52.5%가 미용 성형 수술을 받았고 82.1%가 수술을 희망한다고 합니다.

According to the results of a survey given to male and female college students, 52.5% of the participants underwent plastic surgery and 82.1% hoped to get plastic surgery.

② 한겨레 신문 기사에 따르면 작년에 미국에서만 5만 명이 간접흡연으로 인해 사망했다고 합니다.

According to Hangyeorye Newspaper, 50,000 people in America alone died from secondhand smoking last year.

To assert or insist upon one's opinion
〈Making a supposition〉

만약 -(으)ㄹ 경우(에) -게 됩니다
만약 -(으)ㄹ 경우(에) -(으)ㄹ 수도 있습니다

Meaning

Used to suppose a situation that has not yet occurred. It means 'If...were to happen...could occur'.

Usage

만약 [Verb/Adjective] + (으)ㄹ 경우(에)
[Verb/Adjective] + 게 됩니다
만약 [Verb/Adjective] + (으)ㄹ 경우(에)
[Verb/Adjective] + (으)ㄹ 수도 있습니다

E.g. ① 만약 길거리 흡연을 금지할 경우 흡연자는 흡연할 공간을 잃게 됩니다.

If smoking were banned on the streets, smokers would lose their smoking space.

② 만약 성형 수술을 해도 만족을 못할 경우 또 다시 수술을 할 수도 있습니다.

If one is unsatisfied with the results of plastic surgery, there is a chance that one will choose to undergo it once more.

To assert or insist upon one's opinion
〈Expressing a reason〉

-(으)므로 ~

Meaning

Expresses a cause or reason. It is generally used when writing or giving a speech or presentation.

Usage

	Present	Past (Completion)
Verb Adjective	-(으)므로	-았/었/였으므로
Noun	-(이)므로	-이었/였으므로

E.g. ① 길거리 흡연을 금지하는 것은 매우 강압적인 방법이므로 조심해서 시행해야 합니다.

Because banning smoking on the streets is a very coercive action, one must be careful in putting it into effect.

② 성형 수술은 외모에 자신 없는 사람의 자신감을 높일 수 있으므로 찬성합니다.

I support plastic surgery because it raises the self-esteem of people with low confidence in their appearance.

Be careful!

-(으)므로 is not used in imperative or propositive sentences. Instead, it is preferable to use -(으)니까.

E.g. ① 길이 막히므로 지하철을 탑시다. (X)

② 길이 막히니까 지하철을 탑시다. (O)

Take the subway because there's traffic.

To assert or insist upon one's opinion
〈Expressing two or more reasons〉

-(으)ㄴ/는 데다가 ~

Meaning

Expresses two or more reasons. It is generally used when two causes are related. It means 'Because...and furthermore, on top of that...'.

6

Usage

Verb	-는 데다가
Adjective	-(으)ㄴ 데다가
Noun	-인 데다가

E.g. ① 사교육은 부모에게 큰 부담을 주는 데다가 공교육도 무너뜨릴 수 있습니다.

Private education is a burden to parents and (on top of that) can ruin public education.

② A: 학생들에게 교복을 입히면 학교의 규칙과 질서를 지키게 하는 데 도움이 됩니다.
B: 그러나 교복을 강요하는 것은 학부모들에게 또 다른 비용 부담을 주는 데다가 학생들이 옷을 선택할 수 있는 자유를 제한하는 것이 됩니다.

A: Making students wear uniforms will help maintain rules and order.
B: However, forcing uniform-wearing will give parents the further burden of paying for them, not to mention that it will restrict students' freedom of choosing their own clothing.

Be careful!

1) The subject before and after -(으)ㄴ/는 데다가 must be the same.

E.g. ① 철수는 열이 나는 데다가 영희는 기침이 나요. (X)

② 철수는 열이 나는 데다가 기침도 나요. (O)

Cheolsu has a fever as well as a cough.

2) There must be consistency between the clauses before and after -(으)ㄴ/는 데다가.

E.g. ① 그 사람은 술을 싫어하는 데다가 담배를 좋아해요. (X)

② 그 사람은 술을 싫어하는 데다가 담배도 안 피워요. (O)

That person hates alcohol, nor does he smoke.

To assert or insist upon one's opinion 〈Suggesting an alternative〉

-다든지 -다든지 하다

Meaning

Used to give possibilities or suggest alternatives. It means 'whether...or...'.

Usage

Verb	-ㄴ/는다든지
Adjective	-다든지
Noun	-(이)라든지

E.g. ① 한국어 실력을 키우기 위해서는 한국 친구를 사귄다든지 한국 영화를 본다든지 하는 방법을 이용할 수 있습니다.

In order to improve your Korean, you can either make Korean friends or watch Korean movies.

② A: 운동할 시간이 없는데 어떻게 하면 좋을까요?
B: 글쎄요. 가까운 곳은 되도록 걸어 다닌다든지 의자에 앉아 있을 때 간단한 운동을 한다든지 하면 어떨까요?

A: What should I do? I don't have any time to exercise.
B: Well, how about trying to walk to places nearby or doing simple exercises when sitting in a chair?

To respond or react to other's opinion 〈Agreeing with another〉

저도 _ 씨의 의견에 (전적으로) 동의합니다

Meaning

Used to agree with another's opinion. It means 'I also (completely) agree with ____'s opinion'.

E.g. ① A: 저는 사형 제도가 결국 인간이 인간을 죽이는 것을 허용하는 것이므로 반대합니다.
B: 저도 A 씨의 의견에 전적으로 동의합니다.

A: I oppose the death penalty because in the end, it is allowing the killing of a human life.
B: I also completely agree with A's opinion.

To respond or react to other's opinion 〈Strongly disagreeing with another〉

저는 _ 씨의 의견에 동의하지 않습니다

Meaning

Used to directly disagree with another's opinion. It means 'I do not agree with ___'s opinion'.

E.g. ① A: 저는 공교육이 많은 문제를 낳고 있으므로 사교육은 어쩔 수 없는 선택이라고 봅니다.
B: 저는 A 씨의 의견에 동의하지 않습니다.

A: I believe that private education becomes an inevitable choice because public education brings about many problems.
B: I disagree with A's opinion.

To respond or react to other's opinion 〈Disagreeing indirectly with another〉

그렇긴 하지만 ~

Meaning

Used to recognize another's opinion and then disagree in a roundabout way. It means 'That may be true, but...'.

E.g. ① A: 길거리 흡연을 금지하는 것은 개인의 자유를 지나치게 제한하는 것이라고 생각하지 않으십니까?
B: 그렇긴 하지만 길거리 흡연이 다른 사람에게 피해를 줄 수 있다는 것도 생각해야 합니다.

A: Do you not think that banning smoking on the street removes one's personal freedom?
B: That may be true, but we must also think of how smoking on the street harms others.

_ 씨의 말도 일리는 있지만 ~

Meaning

Used to recognize the logic of another's opinion and then gently disagree. It means 'You have a point, but...'.

E.g. ① A: 혼전 동거는 결혼 생활을 시작하기 전에 서로의 장점과 단점을 미리 알아볼 수 있으므로 좋다고 생각합니다.
B: 물론 A 씨의 말도 일리는 있지만 혼전 동거가 실패로 끝나면 서로에게 큰 상처가 될 수 있다는 점을 아셔야 합니다.

6

A: I think that living together before marriage is good because both parties can know each other's good points and bad points before starting married life.
B: Of course you have a point, but we also must recognize that both parties will be hurt if living together before marriage ends in failure.

그 점은 저도 인정합니다. 하지만 ~

Meaning

Used to recognize another's opinion and then gently disagree. It means 'I also recognize that point. However...'.

E.g. ① A: 혼전 동거가 실패로 끝나면 서로에게 큰 상처가 될 수도 있습니다.
B: 그 점은 저도 인정합니다. 하지만 결혼을 한 다음에 헤어지는 것보다는 결혼 전에 헤어지는 것이 더 나을 수도 있지 않습니까?

A: If living together before marriage ends in failure, both parties will be hurt.
B: I also recognize that point. However, isn't it better to separate before marriage than to do so after marriage?

무슨 말씀인지 알겠습니다. 그런데 ~

Meaning

Used to express understanding of another's opinion and then gently disagree. It means 'I understand what you're saying, but...'.

E.g. ① A: 남한과 북한의 관계를 좋게 만들기 위해서는 다른 나라의 도움이 절대적으로 필요합니다.
B: 무슨 말씀인지 알겠습니다. 그런데 기본적으로 남한과 북한의 관계가 좋아지려면 남한과 북한 스스로의 노력이 가장 필요하다는 것을 잊어서는 안 됩니다.

A: In order to improve South and North Korea's relations, they absolutely need other countries' help.
B: I understand what you're saying, but we cannot forget that if South and North Korea's relations are to fundamentally improve, both countries' own efforts are of utmost importance.

To respond or react to other's opinion 〈Interrupting another〉

말씀하시는데 죄송하지만 ~

Meaning

Used to politely interrupt when another is speaking. It means 'I'm sorry for interrupting, but...'.

E.g. ① A: 육아 문제는 결국 여성이 책임져야 할 일이 아닌가 싶습니다.
B: 말씀하시는데 죄송하지만 그렇다면 육아 문제에 있어서 남성의 책임은 없다는 말씀이십니까?

A: It seems that, in the end, women must take the responsibility on the issue of childcare.
B: I'm sorry for interrupting but if that is the case, are you saying that men do not need to take responsibility for it?

그것에 대해서 제가 답변하고 싶은데요

Meaning

Used to interrupt with a response when it is not one's turn to speak. It means 'I would like to respond to that'.

> **E.g.** ① A: 출산율 문제가 이렇게 심각한데 정부는 어떻게 대책을 마련하고 있는지 궁금합니다.
> B: <u>그것에 대해서 제가 답변하고 싶은데요</u>. 제가 알아본 바로는 정부는 출산을 지원해 주는 다양한 정책을 마련하고 있습니다. 예를 들면…….
>
> A: I'm curious as to how the government is preparing to counter the birth rate issue, seeing as it's this serious.
> B: I would like to respond to that. From what I know, the government is preparing various policies to support the birth rate. For example...

제가 먼저 이야기해도 되겠습니까?

Meaning

Used to speak out of one's turn. It means 'May I speak first?'

> **E.g.** ① A: 사형 제도가 없어져도 죄를 저지른 사람에게 벌을 줄 수 있는 방법은 여러 가지가 있을 수 있습니다.
> B: 죄송합니다만 <u>제가 먼저 이야기해도 될까요</u>? 저는 그 문제에 대해서 이렇게 생각합니다.
>
> A: Even if the death penalty is abolished, there are several ways to punish a criminal.
> B: I'm sorry, but may I speak first? What I think about that problem is this.

To respond or react to other's opinion 〈Requesting details〉

구체적으로 말씀해 주시겠습니까?

Meaning

Used to ask for a more detailed explanation when another is not speaking concretely.
It means 'Could you please speak in more detail?'

> **E.g.** ① A: 성형 수술을 하지 않아도 자기가 노력한다면 자신감을 가질 수 있습니다.
> B: 글쎄요. 이해가 잘 가지 않는데요. 그 방법을 <u>구체적으로 말씀해 주시겠습니까</u>?
>
> A: Even without plastic surgery, one can have confidence if one tries.
> B: Well, I don't quite understand. Could you explain in more detail how one would do that?

예를 좀 들어 주시겠습니까?

Meaning

Used to ask for an example when not fully understanding another's words. It means 'Could you please give an example?'

> **E.g.** ① A: 길을 가다가 다른 사람에게 방해가 되지 않는 곳에 가서 담배를 피우는 것은 괜찮다고 생각합니다.
> B: 말씀하시는데 죄송한데요, 방해가 되지 않는 곳이 어디인지 구체적으로 <u>예를 좀 들어 주시겠습니까</u>?
>
> A: I think that it's okay to smoke while walking down the street where one won't bother anyone else.
> B: I'm sorry for interrupting, but could you please give a concrete example of a place where smoking won't bother anyone else?

To respond or react to other's opinion 〈Confirming understanding〉

제 생각이 잘 전달되었는지 모르겠는데요

Meaning

Used to confirm that another has understood one's point. It means 'I'm not sure if my point is getting across'.

E.g. ① 제 생각이 잘 전달되었는지 모르겠는데요. 어쨌든 제 주장은 사형 제도는 인간이 인간을 죽이는 제도이므로 반대한다는 것입니다.

I'm not sure if my point is getting across. Anyway, my point is that I oppose the death penalty because it is a system that allows the killing of a human life.

To respond or react to other's opinion 〈Confirming what another has said〉

그러니까 -다는 말씀이시군요

Meaning

Used to restate what another has said and confirm that it is what he/she meant. It means 'So, you're saying that...'.

Usage

Verb	-ㄴ/는다는
Adjective	-다는
Noun	-(이)라는

E.g. ① A : 고령화 사회를 막기 위해서는 저출산 문제를 먼저 해결해야 합니다.
B : 그러니까 저출산 문제가 해결되면 고령화 사회를 막을 수 있다는 말씀이시군요.

A : In order to prevent an aging society, we must first solve the issue of low birth rate.
B : So what you're saying is that if the birth rate issue is solved, we can prevent an aging society.

읽기 I Vocabulary

Nouns

가사
housework
집에서 가사를 돌보는 것은 매우 중요한 일이다.

경기
economy, business
요즘 한국 경기가 좋지 않다.
↳ **경기 침체**
economic recession
경기 침체가 오래 되면서 취직을 못하는 젊은이들이 늘어나고 있다.

고령
old age
할아버지는 고령에도 불구하고 마라톤 경기에 참가하여 끝까지 달리셨다.
↳ **고령자**
person of old age, elder
많은 젊은 사람들이 도시로 떠나 이 마을 주민은 대부분이 고령자다.

공교육
public education
사교육을 막기 위해서는 공교육을 발전시켜야 한다.

기혼
married (status)
기혼, 미혼에 관계없이 누구나 저희 회사에 지원할 수 있습니다.

대책
countermeasure
국가에서 청년 실업자들에 대한 대책을 세워야 합니다.
ㄴ, **대책 마련**
countermeasure preparation
매년 여름, 홍수 문제가 심각합니다. 대책 마련을 서둘러야 합니다.

마련
preparation
잔치에서는 음식 마련이 가장 큰 문제이다.
ㄴ, **대책 마련**
countermeasure preparation

보육
childcare
보육 시설에 아이를 맡기는 맞벌이 부부가 점점 많아지고 있다.
ㄴ, **보육 시설**
childcare facilities, daycare center
보육 시설에 대한 정부의 지원이 필요합니다.

사교육
private education
요즘은 공교육보다 사교육에 더 돈을 쓰는 사람들이 많다.

사상
historically
이번 올림픽에 참가하는 참가국의 수는 사상 최대가 될 예정이다.

성인
adult
이제 너도 성인이니까 네 앞일은 스스로 생각해서 결정하도록 해.

애
shortened form of 아이
애들이 커 가는 것을 보는 것이 제일 큰 기쁨입니다.

ㄴ, **애를 보다**
to babysit, to watch children
아직 말도 못하는 애를 보는 것은 참 어려운 일이다.

양립 [양닙]
coexistence, compatibility
결혼한 여성에게 가정과 직장의 양립은 무척 힘든 일이다.

육아
infant care
육아 문제로 고민하는 맞벌이 부부가 많다.

정부
government
정부에서는 이번 사건에 대해 조사하고 있다.

조기
early age
병은 조기에 발견해야 치료가 쉽다.
ㄴ, **조기 유학**
study abroad at an early age
요즘 초등학생 사이에서 조기 유학이 유행하고 있다.

지난해
last year
나는 항상 지난해보다는 올해가 더 좋아질 거라는 기대를 가지면서 산다.

초·중·고교생
elementary * middle * high school students
오늘 대부분의 초•중•고교생들이 졸업식을 합니다.

출산 [출싼]
birth
이모는 첫 출산 때 심하게 고생을 하셨다.
ㄴ, **출산율** [출싼뉼]
birth rate
한국에서 점점 출산율이 낮아지고 있어서 큰 사회 문제가 되고 있다.

침체
stagnation, depression, recession
할머니가 돌아가시자 집안 분위기가 침체 상태이다.

6

ㄴ **경기 침체**
economic recession

통계
statistics
통계 자료에 따르면 올해 출산율이 약간 올라갔다고 한다.
ㄴ **통계청**
National Statistical Office
통계청에서 매년 중요한 통계 자료를 발표한다.

평균
average
그는 하루에 평균 10시간 이상 일한다.

허용
permission
전 세계에서 마약 총기 허용 국가는 어디입니까?

Verbs

(-에) (-으로) 그치다
to cease, to end
① 반 학생들의 출석률이 절반 정도에 그쳤다.
② 쓰레기 문제를 해결하기 위해서는 단순히 말만으로 그치는 것이 아니라 행동으로 옮겨야 한다.

(-을) 기록하다 [기로카다]
to record
오늘 아침, **서울**의 날씨는 10년 동안의 최저 기온을 기록했다.

꼽다 [꼽따]
to count (on fingers, as an example), to point out
※ 꼽아요/꼽는/꼽습니다
한국의 대표적인 요리로 불고기와 김치를 꼽을 수 있다.

(-에) 답하다 [다파다]
to respond
친구는 내 물음에 답하지 않고 그냥 일어나서 나가 버렸다.

보다
to take care of (baby, children...)
부부가 일을 하러 나간 동안 할머니가 손자를 봐 주신다.
ㄴ **애를 보다**
to babysit, to watch children

(-을) 실시하다 [실씨하다]
to carry out, to put into effect
우리 학교는 입학시험을 일 년에 한 번씩 실시합니다.

(-이) 증가하다
to increase
한국어를 배우는 학생의 수가 작년에 비해 20% 증가했다.

(-에) (-으로) 진입하다
to enter (formal)
① 우리나라도 이제 선진국 대열에 진입하였다.
② 고속도로로 진입하려는 차들이 너무 많아서 길이 꽉 막혔다.

Adjectives

(-이) 시급하다 [시그파다]
to be pressing, to be urgent
이번 문제에 대한 대책 마련이 시급하다.

Adverbs

급격히 [급껴키]
sharply, suddenly
눈이 내려 산속의 기온이 급격히 떨어졌다.

Other

오랜
long time
오랜 가뭄 끝에 비가 내렸다.
ㄴ **오랜 경기 침체**
a long period of economic stagnation
오랜 경기 침체 때문에 실업자가 계속 늘어나고 있다.

저-
prefix meaning 'low'
① 저소득. 저가격. 저혈압.
② 요즘 **한국**에서는 학생들이 저학년부터 많은 사교육을 받고 있다.
└, **저출산** [저출싼]
low birth rate
한국에서는 요즘 저출산 문제가 심각해지고 있다고 한다.

초-
prefix meaning 'super' or 'very'
영화관은 주말이라서 초만원이었다.
└, **초고령**
very old
우리나라는 초고령 사회로 빠르게 진입하고 있다.
└, **초스피드**
high speed
초스피드를 자랑하는 제트기가 매우 빠르게 날아가고 있습니다.

읽기 II Vocabulary

Nouns

거부감
aversion
그 영화는 너무 폭력적인 장면이 많아서 거부감이 든다.

과외
tutoring
대다수 학부모에게 과외 비용은 적지 않은 부담을 주고 있다.

교육열 [교융녈]
passion for education
전통적으로 **한국** 사회에서는 부모들의 교육열이 높은 것이 특징이었다.

구조
structure
한국어의 문법 구조는 **영어**와 다르다.
└, **사회 구조**
societal structure
사회 구조를 바꾸기 전에 가정부터 바뀌어야 한다.

국가적 [국까적]
국가적이다 to be national
국가적으로 nationally
대학 교육을 받고 사회에 나온 여성이 사회에서 자신의 능력을 발휘하지 못한다면 국가적으로도 커다란 손해다.

국내 [궁내]
domestic
외국 영화사의 국내 진출로 인해 올해 영화계가 큰 변화를 겪을 것이다.

기러기아빠
'goose father'–father who stays in Korea to work while the mother and child live in a foreign country for the child's education
이철수 씨는 기러기아빠래요. 아내와 자식들이 조기 유학 때문에 **뉴질랜드**에 가 있대요.

낭비
waste
그 사람 이야기를 듣는 것은 시간 낭비다.

맹모삼천지교
chinese saying referring to Mencius' mother, who moved three times to find the best location for her child's education
맹모삼천지교라는 말이 있듯이 **한국**의 부모들은 자녀들의 교육을 위해서라면 뭐든지 한다고 했다.

문제점 [문제쩜]
problem
문제점을 해결하기 위해서는 많은 토론이 필요할 것 같습니다.
└, **문제점을 낳다**
to cause a problem
※ 낳아요/낳은/낳습니다
지난번의 무리한 사업 확장이 큰 문제점을 낳았다.

비용
costs, expenses
해외여행을 가는 데는 많은 비용이 든다.

6

어학연수 [어항년수]
language study abroad
어학연수를 하러 **한국**에 왔어요.

언론 [얼론]
the press, mass media
언론 보도에 따르면 **한국**의 경제가 좋아질 거라고 합니다.

열의 [여릐/ 여리]
enthusiasm, fervor
그는 무슨 일을 하든지 열의를 다해서 한다.

위주
importance
회사에서 사람을 뽑을 때는 외모가 아닌 실력 위주로 뽑아야 한다.
ㄴ **학벌 위주** [학뻘 위주]
importance of educational background
학벌 위주의 사회는 능력이 있는 사람을 소외시킬 수 있다.

이
this thing
요즘 가장 심각한 사회 문제 중의 하나는 학원 폭력입니다. 이에 대하여 오늘 논의하고자 합니다.
ㄴ **이에 대해**
about this
립싱크에 대한 논란이 많습니다. 오늘은 이에 대해 논의해 보도록 하겠습니다.

이상
the aforementioned, above
이상에서 살핀 바를 간단히 요약하면 다음과 같다.
ㄴ **이상으로**
this (concludes the~)
이상으로 발표를 마치겠습니다.

이익
profit, gain
그는 자기에게 이익이 되지 않는 일은 아무리 작은 일이라도 거절했다.

일리
point, reason
듣고 보니 네 말에도 일리가 있구나.
ㄴ **일리가 있다**
to have a point
그의 말에도 일리가 있다.

자식
children
그는 일곱이나 되는 자식을 모두 훌륭하게 키워 냈다.

적응력 [적응녁]
adaptability
사회에서는 적응력이 뛰어난 사람이 성공하게 마련이다.

정상화
normalization
남북 관계 정상화를 위해 **남한**과 **북한**이 모두 노력해야 한다.

정체성 [정체썽]
identity
한국인이라는 나의 정체성을 찾기 위하여 **한국어**와 **한국** 문화를 배우기 시작했다.
ㄴ **정체성을 갖추다**
to establish one's identity
청소년들은 자신의 정체성을 아직 갖추지 못한 상태라서 쉽게 나쁜 길로 빠질 수 있다.

제도
system
대가족 제도의 장점은 뭘까요?
ㄴ **교육 제도**
educational system
교육 제도는 한 나라의 미래를 결정하므로 매우 중요하다.

차원
dimension, level
① 학교 차원에서 이번 행사를 진행합시다.
② 이 문제는 우리 반 차원에서가 아니라 학교 차원에서 결정해야 한다.
ㄴ **정부 차원**
governmental level
육아 문제는 정부 차원에서 해결해야 한다.

학벌 [학뻘]
educational background
우리 회사는 학벌보다는 실력을 중요하게 생각한다.

↳ **학벌 위주** [학뻘 위주]
importance of educational background

해결책
solution
이 문제의 근본적인 해결책에 대하여 말씀해 주십시오.

Verbs

(-을) 갖추다
to possess, to be equipped with, to prepare, to furnish
※ 갖춰요/갖추는/갖춥니다
새 건물에 여러 시설을 갖추느라고 돈이 많이 들었다.
↳ **정체성을 갖추다**
to establish one's identity

(-을) 낳다
to give birth to
※ 낳아요/낳는/낳습니다
소문이 소문을 낳는 법이니까 함부로 소문을 퍼뜨리면 안 된다.
↳ **문제점을 낳다**
to cause a problem

(-을) 마련하다
to prepare
내일 생일 파티를 위해 많은 음식을 마련했다.

(-에/에게) 미치다
to reach
이번 광고는 판매량을 높이는 데에 큰 영향을 미쳤다.
↳ **영향을 미치다**
to cause an effect, to influence
다른 나라에서 일어난 지진이 우리나라까지 영향을 미치지는 못할 겁니다.

(-을 -으로) 받아들이다
to accept
우리는 증거가 확실한 그의 주장을 사실로 받아들일 수밖에 없었다.

(-을) 밝히다 [발키다]
to reveal, to define, to disclose
무슨 방법을 써서라도 이번 일의 진실을 밝히고 말겠다.
↳ **입장을 밝히다**
to disclose one's opinion
대통령이 기자 회견에서 이번 사건에 대한 입장을 밝혔다.

(-이) 보도되다
to be reported (in the news)
요즘 사람들에게 충격을 주는 내용의 뉴스가 많이 보도되고 있다.

(-을) 습득하다 [습뜨카다]
to acquire (as in language)
어른보다 아이가 새로운 언어를 습득하는 것이 더 빠르다.

Adjectives

바람직하다
to be desirable, to be advisable
한 사람의 말만 듣고 결정하는 것은 바람직하지 못합니다.

(-에게/-에) 유리하다
to be advantageous
① 그는 자기에게 유리한 쪽으로 말을 하였다.
② 어린이가 어른보다 언어 습득에 유리하다고 한다.

팽팽하다
to be even, to be taut, to be close
이번 토론에서는 찬성과 반대 입장이 너무 팽팽해서 승부가 나지 않았다.
↳ **의견이 팽팽하다**
to have evenly matched opinions
거기에 가자는 의견과 가지 말자는 의견이 팽팽해서 어떻게 할지 결정하지 못했다.

Adverbs

대단히
amazingly, greatly
이번 일에 대해서는 대단히 죄송하게 생각합니다.

종종
sometimes
돌아가신 어머니가 종종 생각이 난다.

Unit 7 호칭과 몸짓언어 Titles and Body Language

읽기 I · II Grammar

① -(이)라고 ~, 하고 ~

E.g. 아침에 남편이 "오늘 일찍 들어올게."라고 말했다.
→ 아침에 남편이 오늘 일찍 들어올 거라고 말했다.

In the morning, my husband said "I'll come home early today."

Meaning

This grammar pattern indicates a direct quotation.

Usage

Quotation + -라고

Quotation + 하고

E.g. ① 회사 선배인 '이선우'라는 사람에게 '이 씨'라고 부른 것이 그 예이다.

Calling a senior coworker named 'Lee Seonu' '이 씨' is an example of that.

② 언어를 배우는 데는 뭐니 뭐니 해도 실제로 사용해 보는 것이 최고라고 생각하는 나는 주인아줌마한테 "이모, 커피 한 잔요!" 하고 큰 소리로 말했다.

I yelled "Auntie, one cup of coffee!" to the owner, with the belief that when learning a language, on top of everything else, applying what we learn in life is the best method to improve.

③ "오늘 누가 내 책상 만졌어?"라고 사장님께서 물어보셨다.

"오늘 누가 내 책상 만졌어?" 하고 사장님께서 물어보셨다.

The president asked, "Who touched my desk today?"

Be careful!

When an onomatopoeia (의성어, a word that expresses a sound) or mimetic (의태어, a word that mimics a motion) is used, only -하고 can be used. Note the spacing in 하고.

E.g. "어흥!" 하고 호랑이가 소리쳤다. (O)

"어흥!"이라고 호랑이가 소리쳤다. (X)

The tiger growled, "Roar!"

*② -더니 ~

E.g. 아들이 열심히 공부하더니 좋은 대학교에 합격했어요.
→ 아들이 열심히 공부했어요. 그 결과 좋은 대학교에 합격했어요.

As a result of studying hard, my son was accepted into a good school.

Meaning

1) -더니 combines -더, the retrospective marker, and -니, the resultative marker, to express reflection or observation about an event that one realizes led to a result (thus, there is not necessarily a direct causal relationship).

E.g. "민수 씨가 회사에 들어갔어요. 회사에 들어가더니 커피를 마시러 휴게실에 갔어요. 휴게실에서 커피를 마시더니 갑자기 소리를 지르면서 나갔어요. 급히 해야 할 일이 생각났기 때문이었어요."

"Minsu went to his company. After entering his office, he went to the lounge to drink coffee. After drinking his coffee, he suddenly yelled while leaving the room, because he had just remembered an urgent job he had to do."

2) The subjects or topics of the first and second clauses must be the same. There is often a time gap between the two events.

E.g. ① 친구가 책을 빌려가더니 오늘 받았다. (X) (different subjects.)

② 친구가 책을 빌려가더니 오늘 갑자기 화를 냈다. (X) (different topics.)

Usage

Verb/Adjective + 더니

E.g. ① 그 여자 분의 안색이 갑자기 바뀌더니 "저 결혼 안 했는데……, 그렇게 늙어 보여요?"라고 기분 나쁜 듯이 이야기하는 것이었다.

The woman's expression suddenly changed and, as if her feelings were hurt, she said "I'm not married. Do I look that old?"

② 친구가 책을 빌려가더니 한 달이 지났는데도 안 가지고 온다.

My friend borrowed a book, but it's been a month and he still hasn't returned it.

③ 어제부터 날씨가 흐리더니 비가 오는구나.

It has been cloudy since yesterday and now it's raining.

④ 아까는 비가 오더니 지금은 눈이 오네요.

It was raining earlier and now it's snowing.

⑤ 앤디 씨가 아까 아이스크림을 너무 많이 먹더니 배탈이 났나 봐요.

Andy was eating too much ice cream earlier and now his stomach aches.

⑥ 김 선생님은 한 달 동안 밤을 새워 일하시더니 완전히 지치신 것 같아요.

Professor Kim stayed up all night while working for a month and now he seems completely fatigued.

Be careful!

1) As -더니 expresses an observation about an event, it is generally used in the second or third person.

E.g. ① 앤디 씨가 어제 밥을 너무 많이 먹더니 배탈이 난 것 같아요. (O)

It seems like Andy's stomach doesn't feel well because he ate too much yesterday.

(내가) 어제 밥을 너무 많이 먹더니 배탈이 난 것 같아요. (X)

② 앤디 씨가 어제 밖에서 비를 좀 맞더니 감기가 들었나 봐요. (O)

It looks as if Andy caught a cold because he was out in the rain yesterday.

(내가) 어제 밖에서 비를 좀 맞더니 감기가 들었나 봐요. (X)

2) However, the first person may be used when an adjective or a verb that expresses a state is combined with -더니. This structure usually expresses a realization upon reflecting on a certain state.

7

E.g. ① (내가) 며칠 전부터 속이 안 좋더니 오늘 아침에는 아무 것도 먹을 수가 없었어요.

I couldn't eat anything this morning because my stomach hasn't been feeling well for the past few days.

② (내가) 어렸을 때는 차가운 것이 좋더니 요즘에는 따뜻한 음식이 좋아요.

When I was young I liked cold food, but now I like warm food.

③ (내가) 전에는 한국어 단어가 기억이 잘 나더니 오늘은 전혀 기억이 안 나요.

I was able to remember a lot of Korean words before, but today I can't remember anything.

3 -(이)란

E.g. 내가 말을 할 때 나를 보며 웃어 주던 그 사람의 눈빛이란!

→ 내가 말을 할 때 나를 보며 웃어 주던 그 사람의 눈빛은 (정말 따뜻했다, 좋았다 등).

When I spoke, he looked at me and smiled, and oh, his gaze! (how...)

Meaning

When used at the end of a sentence, this grammar pattern means that the aforementioned event cannot be expressed in words or that it was "so (an implied adjective)!"

Usage

Noun + (이)란

E.g. ① 그때 주위에 있던 한국 사람들의 반응이란!

The reaction of the Koreans around me then!

② 사랑하는 강아지가 죽었을 때의 슬픔이란!

The sadness I felt when the dog I loved died!

③ 내가 재미없는 농담을 했을 때 사람들의 반응이란!

Everyone's reaction when I made a stale joke!

④ 대학 입학 시험에 합격했을 때의 그 기쁨이란!

The happiness I felt when I passed the college entrance exam!

⑤ 나의 첫 공연이 끝났을 때 사람들은 큰 박수를 보내 주었다. 그때의 감동이란!

When I finished my first play, everyone applauded loudly. How moved I was!

TIP

Another meaning of -(이)란

-(이)란 can also be used to define a vocabulary word or an object. (▶ Refer to 서강 한국어 5A 8과 '명 + 이란 -을/를 말하다'.)

E.g. 6•25 전쟁이란 1950년 6월 25일에 남한과 북한 사이에 일어난 전쟁을 말한다.

The 6•25 war was the war that broke out between South and North Korea on June 25th, 1950.

*④ -다시피 ~

E.g. 너도 알다시피 요즘 우리 집 사정이 좋지 않아.
→ 너도 아는 것처럼 요즘 우리 집 사정이 좋지 않아.

As you know, our home situation isn't good recently.

Meaning

Used to confirm again that the listener knows a certain fact. It is similar to saying -는 것과 같이 and is often used with 보다, 알다, 듣다, and similar verbs.

Usage

	Noun
Present	-다시피
Past (Completion)	-았/었/였다시피
Honorific	-시다시피

E.g. ① 여러분도 모두 아시다시피 사람들은 행복할 때 미소 짓고, 기분이 나쁘거나 화가 날 때는 얼굴을 찡그립니다.

As you all know, people smile when they are happy and frown when they are in a bad mood or angry.

② 너도 알다시피 요즘 우리 회사 사정이 좋지 않잖니.

As you know, our company situation isn't good lately.

③ 너도 들었다시피 요즘 아빠 사업이 잘 되지를 않는단다.

As you heard, daddy's business isn't doing well lately.

④ 여러분도 아시다시피 요즘 한국의 경제 상황이 좋지 않습니다.

As you all know, Korea's economy is poor lately.

⑤ 여러분도 모두 들으셨다시피 우리 학교는 말하기 교육을 중시하는 학교입니다.

As you all heard, our school's education focuses on speaking.

TIP

Another meaning of -다시피

When -다시피 is written as -다시피 하다, it means that it is almost as if the subject is doing a certain action. It is similar to 거의 -은/는 것처럼 하다.

E.g. ① 저는 거의 싸우다시피 해서 이 돈을 받을 수 있었습니다.

I was able to receive the money because I almost fought for it.

② 미나 씨는 매일 도서관에서 공부해요. 거의 도서관에서 살다시피 해요.

Mina studies at the library every day. It's almost as if she lives at the library.

③ 이 선생님은 사업 실패로 거의 망하다시피 했을 때 저를 도와주신 분입니다.

Professor Lee was the one who helped me when I was almost ruined due to my business failure.

④ 이상한 편지가 거의 매일 오다시피 해요. 정말 괴로워요.

A strange letter is sent to me nearly every day, it seems. I'm so distressed.

*⑤ -아/어/여야지 -아/어/여서는 안 된다

E.g. 영화를 볼 때는 조용히 해야지 떠들어서는 안 된다.
→ 영화를 볼 때는 조용히 해야 한다. 떠들면 안 된다.

When watching a movie, you must be quiet, and you must not make any noise.

Meaning

This grammar pattern expresses that the first clause must be done and the second clause must not be done. 아/어/여서는 안 된다 is similar in meaning to -(으)면 안 된다, but is normally used in formal situation.

Usage

Verb/Adjective + 아/어/여야지

Verb/Adjective + 아/어/여서는 안 된다

E.g. ① 어른과 이야기를 할 때는 똑바로 서거나 앉아야 하고, 두 손으로 물건을 드려야지 한 손으로 드려서는 안 됩니다.

When speaking to elders, you must stand or sit up straight and when giving something to them, you must hold objects with two hands, not hold objects with one hand.

② 이번 학기는 100% 출석해야지 한 번이라도 결석을 해서는 안 됩니다.

This semester you must attend 100% of classes and not be absent even once.

③ 밥을 먹을 때는 제자리에 앉아서 먹어야지 여기저기 돌아다니면서 먹어서는 안 된다.

When eating, you must sit in one place and eat, and not eat while pacing around.

④ 나와 결혼할 사람은 무조건 키가 커야지 작아서는 안 된다.

The person I marry must be tall, not short.

TIP

Separating -(으)면서, -고, and -아/어/여서

1. -(으)면서

Used when the first action is done at the same time as the second.

E.g. ① 노래를 부르면서 춤을 춥니다.

I dance while singing.

② 신문을 보면서 밥을 먹는다.

I eat while reading a newspaper.

2. -고

1) Used when the first action is followed by the second action.

E.g. 아침에 세수를 하고 밥을 먹는다.

In the morning I wash my face and then eat.

2) In the following cases, -고 is used instead of -(으)면서.

E.g. ① 턱을 괴고 앉아 있습니다. (O)

I'm sitting with my chin propped on my hands.

턱을 괴면서 앉아 있습니다.
(X: Because propping the chin on one's hand is not done at the same time as sitting.)

② 팔짱을 끼고 걷는다. (O)

I walk with my arms crossed.

팔짱을 끼면서 걷는다. (X: Because crossing one's arms is not done at the same time as walking.)

③ 두 손을 앞으로 모으고 서 있다. (O)

I stand with my hands clasped together in front of me.

두 손을 앞으로 모으면서 서 있다. (X: Because clasping hands together in front of you is not done at the same time as standing.)

3. -아/어/여서

1) Similarly to -고, -아/어/여서 is used when the first action is followed by the second one, but it is often used with verbs that express sequence of actions such as 가다, 오다, 서다, 일어서다, 앉다, 눕다, 만나다, 사다 and 만들다.

E.g. ① 여기 앉아서 쉬세요.

Sit here and rest.

② 일어나서 큰 소리로 대답해 주세요.

Get up and respond in a loud voice.

③ 선물을 사서 친구에게 주었습니다.

I bought a present and gave it to my friend.

2) If -아/어/여서 is used when -고 must be used, the resulting sentence is very awkward, so be careful.

E.g. ① 아침에 세수를 하고 밥을 먹는다. (O)

In the mornings, I wash my face and eat breakfast.

아침에 세수를 해서 밥을 먹는다. (X)

② 턱을 괴고 앉아 있습니다. (O)

I sit with my chin resting on my hand.

턱을 괘서 앉아 있습니다. (X)

말하기 I Korean Titles and Designations

지칭
designation
'집사람'은 남자가 다른 사람에게 자신의 아내를 가리켜 말할 때 사용하는 지칭이다.
ㄴ **지칭어**
language used to name a third person
직장에서는 적당한 호칭어와 지칭어를 사용해야 한다.

Formal relations

과장님

A title used in a company, -님 is used to show respect to the 과장. from the highest position to the lowest: 사장-이사-부장-과장-대리

E.g. 이 과장님, 회의 시간이 다 됐어요.

Lee 과장님, it is almost time for the meeting.

대리님

A title used in a company, -님 is used to show respect to the 대리.

> **E.g.** 정 대리님, 이 서류 좀 봐 주세요.
> Jeong 대리님, Could you take a look at this document?

부장님

A title used in a company, -님 is used to show respect to the 부장.

> **E.g.** 부장님, 사장님이 오라고 하십니다.
> 부장님, the president asks for you to come to him.

사장님

president of a company, -님 is used to show respect to the 사장.

> **E.g.** 사장님, 부르셨습니까?
> President, did you call me?

선생님

teacher; also used to show respect to someone who is older.

> **E.g.** 선생님, 질문이 있는데요?
> Professor, I have a question.

사모님

Term of respect used for the wife of someone who is older or of a higher rank. May be used directly to the person or indirectly to talk about the person.

> **E.g.** 사모님이 편찮으시다고 들었는데 지금은 건강이 어떠세요?
> I heard that your wife was sick. How is she now?

따님

Term of respect used for the daughter of someone who is older or of a higher rank. Used indirectly to talk about the person.

> **E.g.** 사장님, 똑똑한 따님을 두셔서 좋으시겠습니다.
> President, you must be happy to have such a smart daughter.

아드님

Term of respect used for the son of someone who is older or of a higher rank. Used indirectly to talk about the person.

> **E.g.** 선생님, 아드님이 참 귀엽네요.
> Teacher, your son is so cute.

자제 분

Term of respect used for the children of someone of higher rank or who is older. Used indirectly about the person.

> **E.g.** A : 부장님, 자제 분이 어떻게 되세요?
> B : 아들 하나, 딸 하나, 둘이에요.
> A : 부장님, how many children do you have?
> B : I have two : one son and one daughter.

Addressing strangers

그쪽

Used to address the other party involved together in an event, an accident, a quarrel, etc. It is usually not used on someone who looks older.

> **E.g.** 잘못한 사람은 내가 아니라 그쪽이에요.
> It's not my fault, it's yours.

당신[1]

A rude way to say 'you,' that can easily cause fights.

> **E.g.** A : 이건 당신 잘못 아니야?
> B : 뭐, 당신? 너 몇 살인데 반말이야?
>
> A : Is this not your fault?
> B : What? 당신? How old are you to use 반말 with me?

손님

Used by employees in shops or restaurants to address a customer.

> **E.g.** 손님, 음식 맛은 괜찮으십니까?
>
> Excuse me sir/ma'am, is the food okay?

아가씨[1]

Used to address a young, unmarried woman.

> **E.g.** A : 아가씨, 신발 좀 구경하고 가요.
> B : 이 신발은 얼마인데요?
>
> A : Miss, please take a look at these shoes.
> B : How much is this pair?

아줌마

Used to address a middle-aged woman. Be careful, as it can make the addressee uncomfortable.

> **E.g.** 아줌마, 종이 쓰레기는 여기에 버리세요.
>
> Ma'am, please place your paper trash here.

아저씨

Used to address a middle-aged man. Be careful, as it can make the addressee uncomfortable.

> **E.g.** 아저씨, 귤 3000원어치만 주세요.
>
> Mister, please give me 3000won worth of tangerines.

언니[1]

Used by shopowners to address a female customer in a kind and close manner.

> **E.g.** 언니, 구경하고 가세요. 싸게 해 줄게.
>
> Miss, look at what I have to sell. I'll give you a discount.

저기요

Used to call out to a stranger.
Used by customers to call a waiter/waitress or the owner of a restaurant.

> **E.g.** ① 저기요, 혹시 시청에 가려면 몇 번 버스를 타야 하는지 아세요?
>
> Excuse me, I have to go to the City Hall. Do you know which bus I have to take?

7

---

1 당신

'당신' is used to address the other party. (You)
'당신' is also a pronoun used when referring to someone of higher status like father, mother, or teacher (as in he, she, himself, herself).

E.g. 할아버지께서는 뭐든지 당신 고집대로 하셨다.
Grandfather did everything in his own stubborn way.

'당신' is also frequently used in advertisements, song lyrics, and other forms of literature.

E.g. 열심히 일한 당신, 떠나라!
You worked hard. Go ahead and take off!

② 저기요, 여기 물 한 컵만 주세요.

Excuse me, please give me a cup of water.

Addressing family

당신$_2$

Used as a term of respect to one another by married couples.

> **E.g.** 부인 : 당신, 오늘 몇 시에 퇴근해요?
> 남편 : 글쎄……, 좀 늦을 거 같은데…….
>
> Wife : 당신, what time do you get off work today?
> Husband : Well...it seems like it will be late.

여보

Used by married couples to one another.

> **E.g.** 여보, 오늘 어머님, 아버님께서 오신대요.
>
> Honey, your parents said they're coming today.

아가씨$_2$

Used by a woman to address her husband's younger sister.

> **E.g.** 아가씨, 어머니 생신 때 가족들하고 어디에서 식사하면 좋겠어요?
>
> 아가씨, where is a good place to eat for mother's birthday?

언니$_2$

Used by a woman to address an older female relative.

> **E.g.** 언니, 엄마가 밥 먹으래.
>
> Sis, mom says to eat.

Addressing non-relatives with familial terms

언니$_3$

(Originally used by women to address an older female relative.) Used by women to address an older female acquaintance in a kind and warm manner.

> **E.g.** 언니, 오늘 같이 영화 보러 가는 거 어때요?
>
> 언니, how about we go to watch a movie together today?

오빠

(Originally used by women to address an older male relative.) Used by women to address an older male acquaintance in a kind and warm manner.

> **E.g.** 오빠, 우리 내일 영화 보러 갈까?
>
> 오빠, shall we see a movie tomorrow?

누나

(Originally used by men to address an older female relative.) Used by men to address an older female acquaintance in a kind and warm manner.

> **E.g.** 누나, 밥 좀 사 주세요. 배고파요.
>
> 누나, could you buy me some food? I'm hungry.

형
(Originally used by men to address an older male relative.) Used by men to address an older male acquaintance in a kind and warm manner.

> **E.g.** 형, 어디 가요?
> 형, where are you going?

이모
(Originally used to address one's mother's sister.) Can also be used to address a middle-aged woman in a kind and warm manner.

> **E.g.** 엄마의 제일 친한 친구야. 이모한테 인사 드려.
> She's mother's closest friend. Say hi to her.

삼촌
(Originally used to address one's father's unmarried brother.) Can also be used to address a middle-aged man in a kind and warm manner.

> **E.g.** (아빠의 친한 친구에게) 삼촌, 장난감 사 주세요.
> (To one's father's close friend) 삼촌, could you buy me a toy?

어머님
(Originally used by a woman to address her mother-in-law.) Can also be used to address one's close friend's mother.

> **E.g.** 어머님, 안녕하세요. 요즘 건강은 괜찮으세요?
> Hello 어머님. Have you been well recently?

아버님
(Originally used by a woman to address her father-in-law.) Can also be used to address one's close friend's father.

> **E.g.** 아버님, 안녕하세요. 그동안 별일 없으셨죠?
> Hello 아버님. You've been well, right?

제수씨
(Originally used by a man to address a younger relative's wife.) Can also be used by men to address a close younger friend's fiancée or wife.

> **E.g.** 제수씨하고 너 결혼할 때 나를 꼭 불러라.
> When you and your girlfriend get married, you better invite me.

형수님
(-님 is used to show respect to 형수. Originally used by men to address an older relative's wife.) Can also be used by men to address a close older friend's fiancée or wife.

> **E.g.** 형수님, 민수 형님은 제가 제일 좋아하는 선배입니다.
> 형수님, Minsu is my favorite 선배.

읽기 I Vocabulary

Nouns

망신
embarrassment, shame
전체 학생들이 보는 앞에서 무대에 올라가다가 미끄러졌다. 정말 망신이다.

ㄴ **망신을 당하다**
to be embarrassed, to be ashamed
모르는 것을 아는 척 하다가 망신을 당할 뻔 했다.

반응 [바능]
reaction
① 그녀는 말을 거는 모든 남자에게 차가운 반응을 보였다.
② 선생님이 물어보면 반응을 보이세요. 반응이 없으면 아는지, 모르는지 알 수 없잖아요.

부
department
영업부, 총무부, 인사부, 기획부.
ㄴ **제품 개발부**
product development department
저는 과자를 좋아하니까 과자 회사의 제품 개발부에서 일하면 좋겠어요.

안색
facial expression, countenance
안색이 안 좋으신데 어디 편찮으세요?

직함 [지캄]
title (at work)
사장, 부장, 과장, 대리 등이 직함의 예입니다.

호칭어
language used to name the person one is speaking to
한국에서는 가족 호칭어가 매우 발달되어 있습니다.

홍보
public relations, publicity
주연 배우가 영화를 홍보하기 위해 직접 극장을 방문했다.
ㄴ **해외 홍보팀**
overseas public relations team
저는 **영어**를 잘하기 때문에 해외 홍보팀에서 일하고 있습니다.
ㄴ **홍보학**
communications
대학에서 홍보학을 전공하고 싶습니다.

Verbs

(-을) 저지르다
to commit (a mistake, crime)
※ 저질러요/저지른/저지릅니다
이렇게 큰일을 저지르고 도망을 가다니 그 사람은 정말 나쁜 사람이군요.
ㄴ **실수를 저지르다**
to make a mistake
나는 엄청난 실수를 저지르고 말았다.

Adjectives

못지않다 [몯찌안타]
to be equal to (as good as)
(usually used as **못지않게**)
그는 가수 못지않게 노래를 잘 부릅니다.
ㄴ **한국 사람 못지않게**
as well as a Korean
한국 사람 못지않게 **한국어**를 잘할 수 있는 날이 곧 올 겁니다.

무례하다
to be rude, to be disrespectful
인사를 했는데 모르는 척 하고 지나가다니…….
정말 무례한 사람이군요.

어설프다
to be sloppy, to be clumsy,
to be unnatural,to be amateur
※ 어설퍼요/어설픈/어설픕니다
어설픈 계획으로 우리의 여행은 엉망이 되어 버렸다.

유창하다
to be fluent
그녀는 다섯 개의 외국어를 유창하게 한다.

Adverbs

흔히
commonly
그런 사람은 어디서나 흔히 볼 수 있지요.

Other

-님
suffix attached to a title or name to indicate respect
사장님. 선생님. 과장님. 감독님. 수녀님. 신부님.

-씨
suffix attached to a full name to indicate formality
김민우 씨, 면접실로 오십시오.

Expressions

배워도 배워도 끝이 없다
There are so many things to learn
한국어를 배우면서 느낀 점은 언어란 배워도 배워도 끝이 없다는 점이다.

뭐니 뭐니 해도
With all things considered, when all is said and done
한국 사람에게는 뭐니 뭐니 해도 밥에다 김치가 최고야.

읽기 II Vocabulary

Nouns

강의록 [강의록/강이록]
transcription of a lecture
김 교수는 지난 학기 강의록을 정리해 책으로 출판하였다.

남미
South America
남미에는 브라질, 아르헨티나, 콜롬비아, 칠레 등의 나라가 있다.

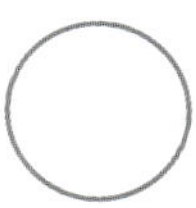

동그라미
circle
종이 위에 동그라미를 그려 보세요.

동성연애 [동성녀내]
homosexuality
이 영화는 동성연애에 대한 내용을 담고 있다.

몸짓언어 [몸찌더너]
body language
'그렇다'고 할 때 고개를 끄덕이는 것이 대표적인 몸짓언어이다.

문화권 [문화꿘/무놔꿘]
culture, cultural area
이슬람 문화권에는 아침에 일어나자마자 기도를 하는 풍습이 있다.

배경
background
한 사람이 자란 배경을 알아야 그 사람을 이해할 수 있다.

보편적
보편적이다 to be general
보편적으로 generally
사람들은 보편적으로 밝고 긍정적인 사람을 좋아합니다.

비웃음
sneer, ridicule
다시는 비웃음을 받을 행동을 해서는 안 된다.

자세
position
의자에 앉을 때는 바른 자세로 앉으세요.

좌우
left and right
길을 건널 때는 좌우를 잘 살펴봐야 돼.
↳ **좌우로**
to the left and right
고개를 좌우로 흔들어 보세요.

지중해
the Mediterranean
작은 배가 지중해에 있는 한 섬에 도착했다.

턱
chin
혹시 저기 앉아 있는 분 중에 턱에 수염을 기른 남자 분을 아세요?

ㄴ **턱을 괴다**
to prop up one's chin
안나 씨가 턱을 괴고 창밖을 바라보고 있어요.

팔짱
crossing of one's arms
ㄴ **팔짱을 끼다**
to cross one's arms
① 팔짱을 끼고 이야기하지 마세요. 꼭 싸우는 것 같아요.
② 남자 친구와 팔짱을 끼고 공원을 산책했다.

포옹
hug
프랑스에서는 포옹을 하는 것이 인사 방법이다.

Verbs

(–이) 결합되다 [결합뙤다]
to be combined, to be fused, to be united
이 문제에는 여러 가지 원인이 결합되어 있어서 아주 복잡하다.

(–을) 고려하다
to consider
물건을 수출할 때는 그 나라의 날씨나 사람들의 취향을 고려해야 한다.

(–을) 괴다
to prop
※ 괘요/괴는/굅니다
오른쪽 책상 다리가 짧아 책상 다리를 책으로 괴었다.
ㄴ **턱을 괴다**
to prop up one's chin

(–을) 굽히다 [구피다]
to bend, to stoop
※ 굽혀요/굽히는/굽힙니다
허리를 굽혀서 인사하세요.

(–을) 끄덕이다
to nod
그가 고개를 끄덕이는 모습을 보고 내 말을 이해했다는 표시로 받아들였다.
ㄴ **고개를 끄덕이다**
to nod one's head
대답하는 대신에 고개만 끄덕여 주세요.

(–을) 끼다
to insert, to stick in
※ 껴요/끼는/낍니다
그렇게 팔짱끼고 구경만 하지 말고 여기로 와서 좀 도와줘.
ㄴ **팔짱을 끼다**
to cross one's arms

(–을) 뵙다 [뵙따]
to see (when object is a person of higher status or age)
※ 봬요/뵙는/뵙습니다
선생님 좀 뵈러 왔습니다.

(–을) 찡그리다
to frown
햇빛이 강할 때는 얼굴을 찡그리게 되니까 선글라스를 끼세요.

(–으로) 해석되다 [해석뙤다]
to be analyzed as
그의 주장은 싸움을 하기 싫다는 뜻으로 해석될 수 있다.

(–으로) 해석하다 [해서카다]
to analyze
상황에 따라 같은 단어도 다른 의미로 해석할 수 있다.

Adjectives

가볍다 [가볍따]
to be light (not heavy)
넘어졌지만 가벼운 상처만 났다.

↳ **가볍게 숙이다**
to slightly bend
처음 만난 사람에게 가볍게 머리를 숙여 인사했다.

Adverbs

마주
face to face, vis-à-vis
두 사람씩 마주 서 주세요.

Other

아무런
(not) in any way, (not) in any sort of (way) ; usually a negative word such as '않다' '없다' '못하다' comes after this.
아무런 도움을 주지 못해 정말 미안하다.

Expressions

잘돼 가다
to go well, to be going well
이쪽 일은 잘되어 가니까 걱정 마세요.

Unit 8

예술 Art

읽기 I·II Grammar

① -네요

E.g. 이게 김 선생님의 작품이에요? 야, 정말 멋있네요.
→ 이게 김 선생님의 작품이에요? 야, 정말 멋있어요.

Is this Professor Kim's work of art? Wow, it's really beautiful!

Meaning

This grammar pattern is used to remark on a newly experienced or learned fact. It is often used by females as it gives off a tone of tenderness.

Usage

Verb/Adjective + 네요

E.g. ① 먼저, 가운데서 씨름을 하고 있는 두 사람의 모습을 살펴볼까요? 얼굴을 찌푸리고 안간힘을 쓰고 있군요. 그런데 결과는 이미 난 것 같네요.

First, shall we look at the expressions of the two people wrestling in the middle? One can see that they're frowning and using all their strength. However, it seems as if the match has already been decided.

② 예전에는 몰랐는데 승희 씨는 키가 참 크네요.

I didn't realize it before, but Seunghee is really tall.

③ 이 식당은 반찬이 참 맛있네요.

This restaurant's side dishes are really tasty!

④ 그림이 참 좋네요. 어떤 분의 작품이에요?

This painting is really nice. Whose piece is this?

*② -치고 ~

E.g. 성공한 사람치고 부지런하지 않은 사람은 없다.
→ 성공한 사람은 모두 부지런한 사람이다.

Out of all the people who have succeeded, there was not one person who was not diligent.

Meaning

This grammar pattern is used to express a common trait among a set of items or people, implying the meaning 'without exception, all'. The second clause is often a double negative.

Usage

Noun + 치고

E.g. ① 현대인치고 우울증을 앓아 보지 않은 사람이 없다.
(현대인은 모두 우울증을 앓아 보았다.)

There is no one these days who has not suffered from depression.

② 한국 음식치고 맵지 않은 음식이 없다.
(한국 음식은 모두 맵다.)

Of all Korean foods, there is not one food that is not spicy.

③ 요즘 젊은 사람치고 휴대 전화를 가지지 않은 사람은 없다.
(요즘 젊은 사람은 모두 휴대 전화를 가지고 있다.)

There's no young person these days who does not have a cell phone.

④ 싼 물건치고 품질이 좋은 물건이 없다.
(싼 물건은 모두 품질이 나쁘다.)

There are no good products that are cheap.

TIP

Another meaning of -치고

-치고 can also be used to express an exception to a set. In these cases, -치고는 may be used.

E.g. ① 이 음식은 한국 음식치고(는) 맵지 않은 편이다.
(한국 음식은 다 매운데, 이 음식은 한국 음식인데도 예외적으로 맵지 않은 편이다.)

This food is not that spicy for Korean food.
(All Korean food is spicy, but despite this food being Korean food, it is unusually not very spicy.)

② 이 사전은 싼 물건치고(는) 성능이 나쁘지 않다.
(싼 물건은 보통 다 성능이 나쁜데, 이 사전은 싼 물건인데도 예외적으로 성능이 나쁘지 않다.)

This dictionary isn't bad for a cheap product.
(Cheap products normally don't work well, but despite this dictionary being a cheap product, it works unusually well.)

③ 그분은 젊은 사람치고(는) 경험이 많고 똑똑하다.
(젊은 사람은 보통 경험이 별로 없고 똑똑하지 않은데, 그분은 젊은 사람인데도 예외적으로 경험이 많고 똑똑하다.)

For a young man, he has a lot of experience and is quite smart.
(Young men are normally inexperienced and not smart, but despite this person being an adolescent, he has a lot of experience and is quite smart.)

*3 이중 부정

E.g. 저출산 문제는 국가적으로 큰 문제가 아닐 수 없다.
→ 저출산 문제는 국가적으로 큰 문제이다.

One cannot say that low birth rate is not a big problem for a nation.

Meaning

이중 부정 means 'double negative'. When a negative sentence is put again in the negative, it emphasizes the meaning of the positive sentence.

E.g. 내일까지 보고서를 제출하지 않으면 안 된다.
(내일까지 보고서를 꼭 제출해야 한다.)

It is not okay if you do not turn in the report by tomorrow.
(You must turn in the report by tomorrow.)

8

Usage

In Chapter 8, you will encounter many double negative sentences that use the phrases 아닐 수 없다 (cannot not be), -지 않으면 안 된다 (it is not okay if you do not), and 없는 것이 없다 (there is nothing they do not have).

E.g. ① 병원에 가기 싫어하는 사람들에게는 귀가 솔깃해지는 이야기가 아닐 수 없다.
(이야기이다)

It's a fact that cannot help but sound tempting to those who hate going to the hospital.

② 아이는 우리 부부에게 하늘이 준 가장 큰 선물이 아닐 수 없다.
(큰 선물이다)

There is no way that a child is not a great gift from heaven to my husband and me.

③ 내일까지 이 일을 완성하지 않으면 안 된다.
(완성해야 한다)

It is unacceptable if you do not finish this job by tomorrow.

④ 그곳에 가면 구할 수 없는 게 없다.
(모두 구할 수 있다)

If you go there, there's nothing you can't find.

*4 -는 데 ~

E.g. 규칙적인 운동은 건강을 지키는 데 큰 도움을 준다.
→ 규칙적인 운동은 건강을 지키는 일에 큰 도움을 준다.

Regular exercise helps a lot in maintaining one's health.

Meaning

데 may sometimes be used to replace 때, 곳, 장소, 부분, 일, 사실, 경우, 상황, and similar words. It implies 'in the process of'. Expressions that are commonly used with -는 데 are 도움을 주다, 필요하다, 시간이 걸리다, 자신이 있다.

Usage

Verb + 는 데 도움을 주다/ 필요하다/ 시간이 걸리다/ 자신이 있다

E.g. ① 미술 치료는 치료사가 환자의 상태를 이해하는 데 큰 도움을 준다.

Art therapy helps the therapist in the process of understanding his patient.

② 한국어 사전은 한국어를 공부하는 데 반드시 필요하다.

A Korean dictionary is definitely required when studying Korean.

③ 집안 청소하는 데 세 시간이나 걸렸어요.

It took me three hours to clean my house.

④ 나는 사람을 사귀는 데 자신이 있어요.

I have confidence in making friends.

Be careful!

Be careful of mixing up -는 데 with -는데, which is used to connect sentences.

E.g. ① 시장에 가는 데 1시간이나 걸렸다.

It took a whole hour to go to the market.

② 지금 시장에 가는데 뭘 좀 사올까요?

I'm going to the market. Shall I buy something for you?

말하기 I Describing the World

Describing Objects 〈Shapes〉

삼각형 [삼가켱]
triangle

사각형(정사각형, 직사각형) [사가켱]
quadrilateral (square, rectangle)

정육면체 [정늉면체]
cube

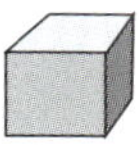

원형
circle

원뿔형
cone

원통형
cylinder

타원형
oval

둥글다
to be round

E.g. ① 아이가 있는 집에서는 끝부분이 둥글게 된 책상을 사용하는 것이 안전하다.

In households with children, it is safer to use a desk with rounded corners.

② A: 저같이 둥근 얼굴에는 어떤 머리가 어울릴까요?
B: 짧은 단발머리가 귀여울 것 같은데요.

A: What hairstyle suits a round face like mine?
B: A short bob could be cute on you.

네모나다
to be square (or rectangular)

E.g. ① 먼저, 이 색종이를 네모나게 접으세요.

First, fold this colored paper into a square.

② A: 김영준 씨가 누구시죠?
B: 저기 창문 앞에 계시는 네모난 안경을 쓰신 분이에요.

A: Who is Kim Youngjun?
B: He's the man in the front of the window over there, wearing the square glasses.

길쭉하다
to be slightly long

E.g. ① 저는 어릴 때부터 얼굴이 길쭉해서 별명이 오이였어요.

Ever since I was young, my nickname has been 'cucumber' because my face has always been long.

② A: 저기……, 갑자기 생각이 잘 안 나는데……, 모양이 길쭉하고 딱딱한 빵 이름이 뭐죠?
B: 아! 바게트요?

A: Umm...suddenly I can't recall... what's the name of that long, crusty bread again?
B: Ah! Baguette?

Describing Objects
〈Materials〉

유리
glass

E.g. ① 유리 제품은 깨지기 쉬우므로 조심해야 한다.

You have to be careful with glassware since it is easy to break.

② A: 깨진 창문의 유리 좀 갈아 주세요.
B: 네, 종류가 여러 가지 있는데 어느 것으로 하시겠어요?

A: Please replace the broken window glass.
B: Yes, but there are many kinds; what do you want me to replace it with?

나무
wood

E.g. 나무로 지은 집은 여름에 시원하다고 한다.

A house made of wood is said to be cool in the summer.

금속
metal

E.g. ① 바닥에 반짝이는 작은 금속 조각이 흩어져 있었다.

Small, shiny pieces of metal are scattered on the floor.

② A: 어떤 냄비가 더 좋은 것 같아?
B: 글쎄……, 유리보다는 금속으로 만든 게 더 튼튼하지 않을까?

A: What kind of saucepan seems to be better?
B: Let's see...wouldn't a metal one be stronger than a glass one?

흙 [흑]
mud, dirt, clay

E.g. ① 우리 아이는 하루 종일 운동장에서 흙을 만지면서 논다.

Our child spends all day in the playground, playing with mud.

② A: 도자기를 만드는 흙은 어디에서 살 수 있어요?
B: 도자기 재료를 파는 가게들이 많이 있는데 거기에서 살 수 있어요. 제가 전화번호 가르쳐 드릴게요.

A: Where can I buy clay for making ceramics?
B: There are many shops selling materials for making ceramics, you can buy it there. I'll let you know the phone number.

플라스틱
plastic

E.g. ① 플라스틱 제품을 녹여서 여러 가지 재활용품을 만들 수 있다.

Plastic melts, so you can make all kinds of recycled products from it.

② A: 플라스틱 그릇에 뜨거운 음식을 담아서 먹으면 몸에 안 좋대요.
B: 그래요? 그럼 뜨거운 음식은 유리나 도자기 그릇에 담아야겠네요.

A: I heard eating hot food from plastic bowls is not good for you.
B: Really? Then I should put hot food in glass or china bowls.

천
cloth

E.g. ① 줄무늬 천으로 옷을 만들었다.

I made clothes out of striped pattern fabric.

② A: 옷이 너무 많이 구겨진 것 같은데 다려서 입는 게 어때?
B: 괜찮아, 이 옷은 원래 주름이 있는 천으로 만든 거야.

A: The clothes are too wrinkled; how about ironing them first?
B: It's okay. These clothes are made from fabric that is supposed to have wrinkles.

가죽

leather

E.g. ① 나는 가죽 장갑보다 천 장갑을 더 좋아한다.

I like gloves made out of fabric rather than leather.

② A: 이 지갑은 무슨 가죽으로 만든 거예요?
B: 양 가죽으로 만든 거예요. 부드러워서 사용하기 편하실 거예요.

A: What leather is this wallet made from?
B: It's made from sheep's leather. It's soft and comfortable to use.

-(으)로 만들어지다

Used to explain what something is made of

E.g. ① 이 지갑은 겉은 가죽으로 만들어졌지만 안은 천으로 만들어져 있다.

The outside of this wallet is made from leather, but the inside is made out of fabric.

② A: 이것은 원형이고 가운데가 비어 있어요. 금속으로 만들어졌고 만지면 차갑고 딱딱해요. 뭘까요?
B: 음……, 반지요! 맞죠?

A: This thing is circular and the middle is empty. It is made from metal, and is hard and cold to the touch. What is it?
B: Umm...it's a ring! Right?

Describing Objects 〈Texture〉

딱딱하다 [딱따카다]

to be hard

E.g. ① 떡을 냉장고에 넣어 두었더니 돌처럼 딱딱해져서 먹을 수가 없다.

I kept the rice cakes in the refrigerator, but they turned hard as rocks so I couldn't eat them.

② A: 의자를 새로 샀는데 교환해야 할 것 같아.
B: 왜? 마음에 안 들어?
A: 응. 의자가 너무 딱딱해서 앉으면 불편해.

A: I bought a new chair, but it looks like I'll have to return it.
B: Why? Don't you like it?
A: No, the chair is so hard that it is uncomfortable to sit on it.

부드럽다 [부드럽따]

to be soft

E.g. ① 비가 내려서인지 맨발에 닿는 흙의 느낌이 아주 부드러웠다.

It might be because it rained, but the mud is very soft when I walk on it with my barefeet.

② A: 이 장갑 어때요?
B: 가죽이 아주 부드러운 게 참 좋네요.

A: What about these gloves?
B: The one with the real soft leather feels great.

푹신하다 [푹씬하다]

to be cushiony, to be soft

E.g. ① 나는 푹신한 의자에 앉아 음악을 듣는 것을 좋아한다.

I like to sit in a cushiony chair and listen to music.

8

② A : 내일 휴일인데 뭐 할 거야?
B : 음……, 푹신한 침대 속에서 하루 종일 누워 있고 싶어.

A : Tomorrow is a holiday; what are you going to do?
B : Hmm...I want to lie down on my plush bed all day.

Describing Objects 〈Color〉

투명하다
to be transparent

E.g. ① 투명한 유리창 밖으로 아름다운 풍경이 보였다.

A beautiful scene was seen through the transparent window.

② A : 얼음을 이렇게 투명하게 얼리려면 어떻게 해야 하나요?
B : 한 번 끓였다가 식힌 물을 사용해 보세요.

A : If I intend to make ice this transparent, what do I have to do?
B : Use water that has been boiled once.

Describing Scenery 〈Mountains〉

완만하다
to be gradual (slope)

E.g. ① 나는 휴일이면 운동 삼아 학교 뒤에 있는 완만한 언덕을 오르곤 한다.

On my days off, I run up the gradually sloping hill behind my school as exercise.

② A : 어제 등산했다면서? 힘들지 않았어?
B : 아니, 산이 완만해서 별로 힘들지 않았어.

A : I hear you went hiking yesterday, right? Wasn't it hard?
B : No, the mountain had a slight incline, so it wasn't particularly hard.

가파르다
to be steep
※ 가팔라요/가파른/가파릅니다

E.g. ① 이 산은 가팔라서 보통 사람은 오르기 어렵다.

The mountain is steep, so an average person has difficulty climbing it.

② 계단이 가파르니 조심해서 내려가세요.

The stairs are steep, so go down them with caution.

Describing Scenery 〈Roads〉

오르막길
uphill road

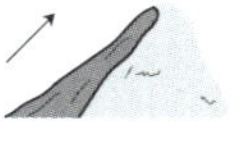

E.g. ① 눈이나 비가 오는 날 오르막길을 가는 것은 정말 힘들다.

On rainy or snowy days, it is really difficult to go on uphill roads.

② A : 실례지만, 이 근처에 우체국이 어디 있어요?
B : 저 앞에 있는 오르막길을 쭉 올라가시다 보면 왼쪽에 보일 거예요.

A : Excuse me, where is the post office in this neighborhood?
B : If you go straight up the uphill road ahead of you, it can be seen on the left.

내리막길
downhill road

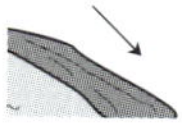

E.g. ① 여기서부터는 내리막길이 끝나고 넓은 평지가 시작된다.

From here, the downhill road ends and a broad plain begins.

② A : 오늘 학교에 오다가 큰일 날 뻔했어.
B : 왜?
A : 학교 앞에 있는 내리막길을 뛰어서 내려오다가 넘어졌는데 다행히 크게 다치지는 않았어.

A : I nearly had a disaster coming to school.
B : Why?
A : I was running down the downhill road in front of school and I fell. Luckily, I didn't hurt myself severely.

넓다 [널따]
to be wide

E.g. ① 새로 생긴 길은 넓어서 다니기가 편하다.

The new road is wide, so it is easy to travel on it.

② A : 이 강은 참 넓어 보이네요.
B : 그럼요, 한국에서 가장 넓은 강이래요.

A : This river seems really wide.
B : Of course, I heard that it is the widest river in Korea.

좁다
to be narrow

E.g. ① 좁고 긴 복도에서 학생들이 웅성거리며 서 있었다.

Students were standing around talking loudly in the long, narrow corridor.

② A : 이 근처에 절이 있다고 들었는데, 혹시 어딘지 아세요?
B : 네, 앞에 보이는 저 좁은 길을 따라 쭉 올라가다 보면 바로 앞에 보일 거예요.

A : I heard that there is a temple in this neighborhood. Do you by any chance know where it is?
B : Yes, if you go up that narrow road in front of you, you'll see it right in front of you.

평평하다
to be flat, to be even

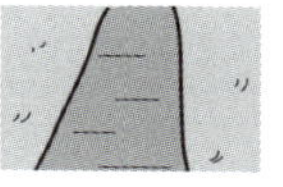

E.g. ① 많은 사람들이 힘을 모아 길을 평평하게 만들었다.

Many people gathered all their strength and made the road flat and even.

② A : 어디서 식사 할까?
B : 조금만 더 가면 평평한 곳이 나오니까 거기에서 자리를 펴고 밥을 먹자.

A : Where shall we eat?
B : If we keep going a little further, there is a flat area; let's spread out a mat and eat there.

울퉁불퉁하다
to be bumpy

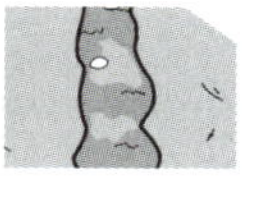

E.g. ① 여기저기 박혀 있는 돌 때문에 길이 몹시 울퉁불퉁하다.

Due to rocks sticking out here and there, the road is really bumpy.

② A: 차가 왜 이렇게 흔들리지?
B: 아마 길이 울퉁불퉁해서 그럴 거야. 조금만 참아.

A: Why is the car shaking like this?
B: Maybe it's because the road is bumpy. Just bear it a little longer.

(쭉) 뻗다/ 뻗어 있다

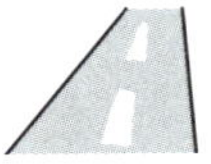

to stretch for a distance

E.g. ① 고속도로가 북쪽으로 길게 뻗어 있다.

The highway stretches far out to the north.

② 바다 옆으로 쭉 뻗은 해안도로가 정말 아름답네요.

The coastal road stretched out along the sea is really beautiful.

구불구불하다

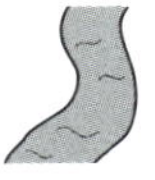

to be winding, to be curvy

E.g. ① 바닷가로 가려면 구불구불한 논길을 한참 가야 한다.

If you want to go to the seashore, you have to go along a winding lane for quite some time.

② 길이 구불구불해서 달리기가 힘드네요.

The road is winding, so it is hard to run on it.

-갈래로 갈라지다 갈라져 있다

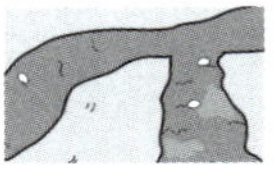

for the road to split or fork

E.g. ① 이 강은 다리의 중간에서 세 갈래로 갈라져 있다.

This river splits into three parts beneath the middle of the bridge.

② A: 두 갈래로 갈라진 길 앞에 서 있는데 어느 쪽으로 가야 합니까?
B: 오른쪽 길로 오시면 됩니다.

A: I'm standing where the road splits in two; which way should I go?
B: Follow the road on the right.

길가에 나무들이 늘어서다 늘어서 있다

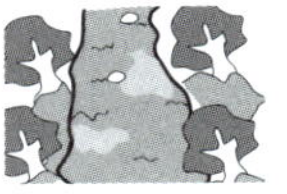

for trees to line the road

E.g. ① 이 길은 길가에 크고 아름다운 나무들이 늘어서 있어 여름에 무척 시원하다.

This road is lined with big, beautiful trees, so it is really cool in the summer.

② A: 이 사진 중 어느 게 가장 마음에 들어?
B: 세 번째 거. 길가에 큰 나무들이 늘어서 있는 모습이 마음에 들어.

A: Of these photos, which do you like the most?
B: The third one. I like the image of the trees lining the road.

Describing Scenery 〈The sea〉

깊다 [깁따]

to be deep

E.g. ① 물이 깊은 곳에는 들어가지 마십시오.

Don't go in the deep end of the water.

② A: 얼마 전에 동해에 갔다 왔는데 정말 아름답더라.
B: 맞아, 동해는 물이 깊어서 바다색이 정말 파래.

A: I went to the East coast a while ago, and it was really beautiful.
B: Right. The East coast is deep, so the water is really blue.

얕다 [얃따]

to be shallow

E.g. ① 강물이 아주 얕으니까 걱정 말고 들어오세요.

The river is really shallow, so don't worry and come in.

② 어린이들은 이곳에서만 수영하세요. 이곳은 물이 얕지만 조금만 더 들어가면 깊어서 위험합니다.

Children may only swim here. The water is shallow here, but if you go a little further out it is dangerously deep.

잔잔하다

to be calm

E.g. ① 잔잔한 바다에서 수영을 즐기고 싶다.

I want to swim in a calm ocean.

② A: 지금은 파도가 많이 치니까 나중에 바다가 잔잔해지면 수영하는 게 어떠니?
B: 저는 파도가 치는 바다에서 수영하는 게 더 재미있어요.

A: Since many waves are crashing in now, how about swimming later when the sea is calm?
B: I think it is more fun to swim at a beach with waves.

파도가 치다

wave crashes

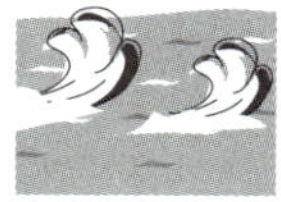

E.g. ① 파도치는 소리 때문에 시끄러워서 밤에 잘 수가 없었다.

I couldn't sleep at night because of the sound of waves crashing.

② A: 우리 밤에 바다에 나가 볼까? 깜깜한 바다에서 파도가 치는 소리를 듣는 것도 멋있을 거야.
B: 글쎄……, 난 좀 무서울 것 같은데.

A: Shall we go out to the beach tonight? It will be great to hear the sound of waves crashing.
B: Well...that sounds scary to me.

수평선

horizon (on the sea)

E.g. ① 푸른 바다와 푸른 하늘이 맞닿은 수평선 위로 하얀 구름이 떠다니고 있었다.

The white clouds were floating above the horizon where the blue sea and the blue sky met.

② A: 바다에서 해가 지는 것을 본 적이 있어?
B: 응, 노을이 수평선을 물들이는 모습이 정말 아름다웠어.

A: Have you ever seen the sun set over the sea?
B: Yes, the sight of the sun coloring the horizon was really beautiful.

읽기 I Vocabulary

Nouns

갓 [갇]
hat worn by Korean men in the past
옛날 결혼한 남자들은 외출을 할 때 반드시 머리에 갓을 썼다.

구경꾼
spectator
유명한 영화배우가 온다는 소문에 많은 구경꾼들이 모여들었다.

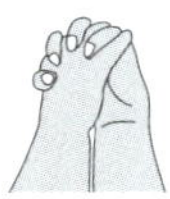

깍지 [깍찌]
clasped hands
두 손을 깍지 끼고 무릎 위에 올려놓으세요.
ㄴ **깍지를 끼다**
to clasp one's hands
깍지 낀 손을 머리 뒤에 대고 풀밭에 누웠다.

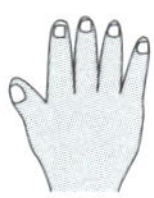

손등 [손뜽]
back of one's hand
손등으로 이마에 흐르는 땀을 닦았다.

승부
victory or defeat
승부에 지나치게 집착하는 것은 좋지 않다.
ㄴ **승부가 나다**
for the outcome of a battle to be determined
조금 후면 승부가 날 것이다.

씨름꾼
wrestler (Korean)
옛날에 **한국**에서는 1등을 한 씨름꾼에게는 상품으로 소를 주었다.

악사 [악싸]
musician (a term that is no longer used often)
악사들은 신나는 음악을 연주하고 있다.

안간힘
all of one's strength, might
그는 망해 가는 회사를 살리기기 위해 안간힘을 다했지만 소용이 없었다.
ㄴ **안간힘을 쓰다**
to use all of one's strength, might
안간힘을 쓰며 바위를 들었지만 바위는 꼼짝도 하지 않았다.

율동
rhythmic movement
아이들이 노래를 부르며 율동을 하는 모습은 정말 귀여웠다.
ㄴ **율동감** [율똥감]
a sense of rhythm
이 그림의 황소는 율동감이 넘쳐 마치 살아 움직이는 것 같다.

입술 [입쑬]
lips
귀여운 아이의 입술에다 뽀뽀를 해 주었다.

편
side
오늘 게임에서 지는 편이 밥을 사는 게 어때?
ㄴ **씨름꾼 편**
a wrestler's side
얼굴에 미소를 짓고 있는 사람들은 모두 이기고 있는 씨름꾼 편인가 보다.

이기는/지는 편
winning/losing side

Verbs

(-을) 관찰하다
to observe
꽃씨를 심은 뒤 꽃이 피는 과정을 자세히 관찰해서 기록했다.

(−에) 나가다
to join, to participate in
어머니는 오늘 저녁에 동창 모임에 나가셨다.
└, **경기에 나가다**
to join a competition
그는 국가 대표로 올림픽 축구 경기에 나갔다.

(−을 −에) 넘어뜨리다
to toss, to throw down
우리는 놀다가 실수로 의자를 바닥에 넘어뜨렸다.

(−이) 넘치다
to overflow, to be excessive
그는 재주가 넘치는 사람이다.

(−을) 불다
to blow, to play a wind instrument
나팔을 불어 주세요.

└, **피리를 불다**
to play the flute
그 남자가 피리를 불며 걸어가자 그 마을의 모든 아이들이 그를 따라 걷기 시작했다.

세우다
to set, to make stand (causative verb of 서다)
① 무릎을 세우다. 머리를 세우다. 몸을 세우다.
② 의자에 앉을 때는 몸을 똑바로 세우고 앉으세요.

└, **무릎을 세우다**
to draw up one's knees
그는 운동장 한쪽에서 무릎을 세운 채 앉아 있었다.

어우러지다
to go together
두 사람의 목소리가 어우러져 멋진 음악을 만들어 냈다.

장난치다
to joke around, to have fun
동생과 나는 바다에서 장난치느라 시간이 가는 줄도 몰랐다.

주다
to use, to exert (one's strength...)
이 풀은 뿌리가 깊어서 뽑으려면 힘을 줘서 잡아당겨야 한다.
└, **힘을 주다**
to exert one's strength
손에 힘을 더 줘!

찌푸리다
to frown
그 남자의 고함 소리에 사람들은 눈살을 찌푸리며 쳐다보았다.
└, **얼굴을 찌푸리다**
to frown
우리 어머니는 내 남자 친구가 마음에 안 드시는지 남자 친구를 볼 때마다 얼굴을 찌푸리신다.

Adjectives

가늘다
to be thin, to be slender, to be fine
이 실은 머리카락보다도 더 가늘다.

둥그렇다 [둥그러타]
to be round
학생들은 선생님의 주위에 둥그렇게 서서 설명을 들었다.

흥겹다 [흥겹따]
to be exciting, to be delightful
노래 소리가 너무 흥겨워서 나도 모르게 춤을 추었다.

Adverbs

헤
agape
그 아이는 나를 보며 입을 헤 벌리고 웃었다.
└, **입을 헤 벌리다**
to have one's mouth wide open, be agape
그 사람의 뛰어난 춤 솜씨에 사람들은 입을 헤 벌리고 쳐다보았다.

8

읽기 II Vocabulary

Nouns

가명
false name, pseudonym
연예인 중에는 본명을 숨기고 가명을 쓰는 사람이 많다.

낙서 [낙써]
scribble, doodle
그 벽은 아이들의 낙서로 채워져 있었다.

불안감
uneasiness, anxiety
다시는 그 사람을 볼 수 없을지도 모른다는 불안감에 온몸이 떨렸다.
ㄴ **불안감을 덜다**
to decrease anxiety, to lower anxiety
잘될 거라는 친구의 말은 나의 불안감을 덜어 주었다.

신경쇠약
nervous breakdown
요즘 신경이 날카롭고 작은 일에도 참을 수 없을 만큼 화가 나요. 신경 쇠약에 걸린 것 같아요.

안정감
a sense of security
나는 집 이외의 곳에서는 안정감을 찾기가 어렵다.

의문
question
나는 공부를 하다가 의문이 생기면 그 즉시 선생님께 물어본다.
ㄴ **의문을 가지다**
to have a question
우리는 그 사람의 죽음에 대해 의문을 가졌다.

일부
one part
그 사람들은 대부분 **한국인**이지만 그들 중 일부는 외국인이다.

정신과 [정신꽈]
psychiatric clinic
요즘은 옛날보다 스트레스를 받을 일이 많아져서 정신과를 찾는 사람도 늘어났다.

즐거움
enjoyment
즐거움은 나눌수록 커진다.

지수
level, index, quotient
물가 지수는 작년에는 100이었는데 올해는 156이다.
ㄴ **스트레스 지수**
level of stress, stress index
자신의 스트레스 지수를 측정하는 방법을 알고 있습니까?

지적 [지쩍]
지적이다 to be intellectual
지적으로 intellectually
나는 잘생긴 사람보다 지적인 사람이 더 매력적이라고 생각한다.
ㄴ **지적인 여성**
intellectual woman
요즘 남자들은 예쁜 여성보다는 지적인 여성을 좋아한다.

진실
truth
나는 거짓말을 하지 않고 진실만을 이야기하겠다.

회복
recovery, rehabilitation, restoration
그의 병은 조금씩 회복이 되고 있지만 아직 다 나은 것은 아니다.

Verbs

(-을) 감상하다
to appreciate, to savor
눈을 감고 음악을 감상했다.

(-을) 다루다
to handle, to treat, to deal with
이 영화는 **6·25 전쟁**을 다룬 영화다.

(-을) 덜다
to lessen, to decrease
걱정을 덜다. 고통을 덜다. 불안감을 덜다. 근심을 덜다. 수고를 덜다. 일손을 덜다.
↳ **불안감을 덜다**
to decrease anxiety, to lessen anxiety

(-이) 드러나다
to come out, to be revealed
① 오후가 되자 구름 속에 있던 해가 드러났다.
② 사건을 조사하는 과정에서 그 사람의 잘못이 드러났다.

(-을) 떠올리다
to recall (causative verb of 떠오르다)
옛 친구의 얼굴을 떠올리려고 했지만 잘 기억이 나지 않았다.

(-을) 앓다 [알타]
to suffer from
혼자 이사를 하고 집안 정리를 마친 후 한동안 몸살을 앓았다.
↳ **병을 앓다**
to suffer from a disease or an illness
그는 난치병을 앓는 사람들을 위해 많은 돈을 기부했다.

(-을) 재현하다
to reenact
그 사고가 누구의 책임인지를 알아보기 위해 사고 당시의 상황을 재현해 보았다.

(-이) 해소되다
to be alleviated, to be settled
이 길이 넓어지면 교통 문제가 해소될 거예요.

(-을) 해소하다
to alleviate, to settle
큰 소리로 노래를 부르면 스트레스를 해소하는 데 도움이 된다.

Adjectives

두렵다 [두렵따]
to fear
나는 그 사람에게 큰 잘못을 했기 때문에 그와 만나는 것이 두렵다.

솔깃하다 [솔기타다]
to be tempting, to be enticing
나는 나에게 아주 잘 어울린다는 점원의 말에 솔깃해서 옷을 사 버렸다.
↳ **(-에) 귀가 솔깃하다**
to sound tempting, to catch one's attention
쉽게 돈을 벌 수 있다는 말에 귀가 솔깃해졌다.

폭넓다 [퐁널따]
to be wide, to be vast
① 폭넓은 지식(vast knowledge).
폭넓은 활동(vast activity).
폭넓은 경험(vast experience).
폭넓은 교제(vast friendship).
② **수민**이는 책을 많이 읽어서 폭넓은 지식을 가지고 있다.

Adverbs

차츰
slowly, gradually
12월이 되자 날이 차츰 추워졌다.

8

Index

ㄱ

과장님 A title used in a company. -님 is used to show respect to the 과장. from the highest position to the lowest: 사장-이사-부장-과장-대리 p.137
관계를 맺다 to form a relationship p.95
관람 viewing (of a movie) p.24
관람가 age restriction (for a movie) p.24
관찰하다 to observe p.151
괴다 to prop p.139
괴로워하다 to be in agony, to be miserable p.24
교육 제도 educational system p.122
교육열 passion for education p.122
구경꾼 spectator p.151
구기다 to crumple p.56
구멍 hole p.56
구불구불하다 to be winding, to be curvy p.156
구조 structure p.122
구체적으로 말씀해 주시겠습니까? Could you please speak in more detail? p.119
국가적
  국가적이다 to be national
  국가적으로 nationally p.121
국내 domestic p.121
굵다 to be deep (voice) p.44
굽히다 to bend, to stoop p.139
귀가 솔깃하다 to sound tempting, to catch one's attention p.161
귀찮다 to be annoying p.24
귀찮아하다 to be annoyed p.24
그 다음으로는 -이/가 -%, -이/가 -%, -이/가 -%의 순이었습니다 (순으로 나타났습니다/순서였습니다) after that, -%, -%, -% were the next most common answers p.78
그 밖에 -다는 의견/응답도 있었습니다 apart from that, - was also one of the answers p.78
그 밖에 -다는 의견/응답도 적지 않았습니다 apart from that, - was also a common answer p.78
그 점은 저도 인정합니다. 하지만 ~ I also recognize that point. However… p.119
그것에 대해서 제가 답변하고 싶은데요 I would like to respond to that. p.119
그러니까 -다는 말씀이시군요 So, you're saying that... p.119
그렇긴 하지만 ~ That may be true, but... p.119
그쪽 Used to address the other party involved together in an event, an accident, a quarrel, etc. p.137
그치다 to cease, to end p.113
근본적
  근본적이다 to be fundamental
  근본적으로 fundamentally p.13
금속 metal p.154
급격히 sharply, suddenly p.113
기러기아빠 'goose father'-father who stays in Korea to work while the mother and child live in a foreign country for the child's education p.120
기록하다 to record p.113
기린 giraffe p.59
기억력 memory (capacity) p.65
기준 standard, criteria p.95
기혼 married (status) p.113
길가에 나무들이 늘어서다/늘어서 있다 for trees to line the road p.156
길쭉하다 to be slightly long p.154
깊다 to be deep p.44, p.159
깊은 산속 deep in the mountains p.44
까다롭다 to be picky, to be fastidious p.98
깍지 clasped hands p.150
깍지를 끼다 to clasp one's hands p.151

ㄴ

ㄷ

대리님	A title used in a company, -님 is used to show respect to the 대리.	p.137
대사	lines, script	p.25
대접	treatment	p.85
대책	countermeasure	p.113
대책 마련	countermeasure preparation	p.113
대처하다	to handle, to cope with	p.103
대표하다	to represent, to symbolize	p.76
더불다	to combine with, together (used only as '더불어')	p.84
덜다	to lessen, to decrease	p.162
덜하다	to be less than	p.55
도깨비	goblin, monster	p.34
도무지	at all (used with negative, often indicates inability to understand or believe something)	p.102
도무지 이해 못하다	to be unable to understand at all	p.102
독	jar	p.45
독 안에 든 쥐	to be in a fine fix, like a rat in a trap	p.45
독소	poison	p.55
동그라미	circle	p.140
동성연애	homosexuality	p.140
동시	simultaneous	p.13
동시에	at the same time, simultaneously	p.13
두 마리 토끼를 다 잡다	to accomplish many things at a time	p.23
두렵다	to fear	p.161
둥그렇다	to be round	p.152
둥글다	to be round	p.154
드러나다	to come out, to be revealed	p.161
들여다보다	to look inside	p.45
등급	level	p.24
따님	Term of respect used for the daughter of someone who is older or of a higher rank.	p.137
딱딱하다	to be hard	p.154
떠내려가다	to float (down a river)	p.33
떠올리다	to recall	p.161
똑똑	onomatopoeia for knocking, 'knock, knock'	p.44
뚜렷하다	to be clear	p.76
뚝	〈mimetic〉 expression of a grade, temperature, or similarly numbered level dropping drastically	p.37
뛰어나다	to be excellent, to be outstanding	p.13
뜻하다	to intend to, to aim to, to mean to	p.64
뜻하지 않게	unintentionally	p.64

ㄹ

린스	conditioner	p.55
립싱크	lip sync	p.12

ㅁ

마련	preparation	p.113
마련하다	to prepare	p.121
마음씨	heart	p.34
마음씨가 곱다	to have a good heart	p.34
마주	face to face, vis-à-vis	p.141
만세	hooray	p.75
만세 삼창	three cheers	p.75
만약 -(으)ㄹ 경우(에) -(으)ㄹ 수도 있습니다	If...were to happen... could occur	p.119
만약 -(으)ㄹ 경우(에) -게 됩니다	If...were to happen... could occur	p.119
만족	satisfaction	p.24
말다툼	argument, quarrel	p.24
말씀하시는데 죄송하지만 ~	I'm sorry for interrupting, but...	p.119
말이 필요 없다	to need no words (be amazing)	p.25
망신	embarrassment, shame	p.129

ㅂ

Index

변형되다	to transform (shape)	p.56
변화	change	p.64
별생각	out-of-the-ordinary thoughts	p.45
별생각 없이	without much thought, off[out of] the top of one's head	p.45
별자리	constellation, zodiac sign (Greek)	p.94
병을 앓다	to suffer from a disease or an illness	p.161
보다	to take care of (baby, children...)	p.113
보도되다	to be reported (in the news)	p.122
보수적이다	to be conservative	p.98
보육	childcare	p.113
보육 시설	childcare facilities, daycare center	p.113
보편적		
보편적이다	to be general	
보편적으로	generally	p.140
본	this (formal)	p.84
본 보고서	this report	p.84
뵙다	to see (when object is a person of higher status or age)	p.141
부	department	p.129
부도	bankruptcy	p.84
부도가 나다	to become bankrupt	p.84
부드럽다	to be soft	p.154
부러뜨리다	to break (something)	p.34
부장님	A title used in a company, -님 is used to show respect to the 부장.	p.134
북극	the North Pole	p.58
분석적		
분석적이다	to be analytical	
분석적으로	analytically	p.95
불	dollar	p.25
불다	to blow, to play a wind instrument	p.152
불성실하다	to be insincere	p.24
불안감	uneasiness, anxiety	p.161
불안감을 덜다	to decrease anxiety, to lessen anxiety	p.162
비다	to be empty	p.103
비용	costs, expenses	p.121
비웃음	sneer, ridicule	p.140
비치다	to be reflected	p.45
비효율적		
비효율적이다	to be inefficient	
비효율적으로	inefficiently	p.103
빙빙	〈mimetic〉 expression of suddenly getting dizzy, one' s head spinning	p.38
빙빙	mimetic for spinning	p.45
빙빙 돌다	to spin, to go around in a circle	p.45
빠지지 않다	to not miss even one	p.84
뻔하다	to be obvious	p.23
뻘뻘	〈mimetic〉 expression of sweating profusely	p.36

ㅅ

사각형(정사각형, 직사각형)	quadrilateral (square, rectangle)	p.154
사고형	thinking	p.95
사교육	private education	p.113
사라지다	to disappear, to vanish	p.56
사막	desert	p.58
사모님	Term of respect used for the wife of someone who is older or of a higher rank.	p.134
사물	thing, object (formal)	p.95
사상	historically	p.113
사장님	president of a company, -님 is used to show respect to the 사장.	p.133
사회 구조	societal structure	p.122
살금살금	mimetic for sneaking	p.45
살펴보다	to examine, to check	p.85
삼각형	triangle	p.154
삼세판	best of three	p.75
삼촌	Can also be used to address a middle-aged man in a kind and warm manner.	p.137
상갓집	house of mourning	p.84
상대적		
상대적이다	to be relative	
상대적으로	relatively	p.85

ㅇ

Index

아무런 (not) in any way, (not) in any sort of (way) p.140
아버님 Can also be used to address one's close friend's father. p.134
아이디어 idea p.103
아저씨 Used to address a middle-aged man. Be careful, as it can make the addressee uncomfortable. p.137
아줌마 Used to address a middle-aged woman. Be careful, as it can make the addressee uncomfortable. p.133
악사 musician p.152
안간힘 all of one's strength, might p.151
안간힘을 쓰다 to use all of one's strength, might p.151
안색 facial expression, countenance p.130
안정감 a sense of security p.162
앓다 to suffer from p.161
암컷 female (animal) p.59
애 shortened form of 아이 p.112
애를 보다 to babysit, to watch children p.112
애정 love, affection p.84
약점 weak point p.85
양립 coexistence, compatibility p.113
양손 both hands p.65
얕다 to be shallow p.159
어떤 식으로든 however it is done p.85
어리석다 to be foolish, to be silly, to be stupid p.64
어머님 Can also be used to address one's close friend's mother. p.134
어색하다 to be awkward p.25
어설프다 to be sloppy, to be clumsy, to be unnatural, to be amateur p.130
어우러지다 to go together p.152
어지럽다 to be dizzy, to be messy p.103
어쩔 수 없다 to be unable to be helped, to be inevitable p.64
어학연수 language study abroad p.122
어흥 onomatopoeia for a (tiger's) roar p.44
언니 1 Used by shopowners to address a female customer in a kind and close manner. p.137
언니 2 Used by a woman to address an older female relative. p.137
언니 3 Used by women to address an older female acquaintance in a kind and warm manner. p.137
언론 the press, mass media p.122
얼굴을 찌푸리다 to frown p.151
없애다 to remove, to eliminate p.56
엉망 mess, ruin p.34
-에 따르면 -다고 하다 according to p.16
-에 따르면 -다고 합니다 according to... p.119
-에 의하면 -다고 하다 according to p.16
-에 의하면 -다고 합니다 according to... p.119
에너지 energy p.95
-에서 봤는데/ 들었는데/ 읽었는데 -대(요) I saw/heard/read p.16
여기다 to consider (as) p.103
여드름 acne p.60
여보 Used by married couples to one another. p.137
역할 role p.64
연령 age p.75
연령층 age range p.75
연봉 annual income p.84
열 fever p.55
열악하다 to be poor, to be inferior p.13
열의 enthusiasm, fervor p.122

이기적이다 to be selfish p.98
이러한 결과를 통해 -(으)ㅁ을 알 수 있었습니다 through these results, it is shown that ~ p.81
이러한 결과를 통해 -다는 것을 알 수 있었습니다 through these results, it is shown that ~ p.81
이론 theory p.95
이루어지다 to be achieved p.84
이모 Can also be used to address a middle-aged woman in a kind and warm manner. p.137
이상 the aforementioned, above p.122
이상으로 this (concludes the~) p.122
이상적
　이상적이다 to be ideal
　이상적으로 ideally p.102
이성적이다 to be reasonable, to be rational p.98
이에 대해 about this p.121
이와 더불어 also p.84
이익 profit, gain p.122
인구 population p.75
인식형 perceptive p.95
일리 point, reason p.122
일리가 있다 to have a point p.122
일방적
　일방적이다 to be unilateral, one-sided
　일방적으로 unilaterally, one-sidedly p.85
일부 one part p.161
입술 lips p.152
입을 헤 벌리다 to have one's mouth wide open, be agape p.151
입장을 밝히다 to disclose one's opinion p.121
잉크 ink p.56
잉크가 묻다 for ink to stain p.56

ㅈ

자극 stimulus p.65
자극하다 to stimulate p.65
자랑하다 to brag, to boast p.13
자리 place, seat p.33
자리에 눕다 to lie down (because of sickness), to be bedridden p.33
자세 position p.141
자식 children p.122
자외선 ultraviolet (UV) rays p.58
자제 분 Term of respect used for the children of someone of higher rank or who is older. p.134
자폐증 autism p.24
잔뜩 extremely, quite p.45
잔잔하다 to be calm p.156
잘돼 가다 to go well, to be going well p.140
잠꼬대 sleeptalking p.60
잠자리 dragonfly p.59
잡아먹다 to grab and eat p.44
장난치다 to joke around, to have fun p.152
장르 genre p.24
재능 talent, ability p.24
재채기 sneeze p.60
재충전하다 to recharge p.102
재현하다 to reenact p.162
저- prefix meaning 'low' p.113
저기요 Used to call out to a stranger./Used by customers to call a waiter/waitress or the owner of a restaurant. p.137
저는 -씨의 의견에 동의하지 않습니다 I do not agree with ___'s opinion. p.119
저도 -씨의 의견에 (전적으로) 동의합니다 I also (completely) agree with ____'s opinion. p.119
저지르다 to commit (a mistake, crime) p.129
저출산 low birth rate p.113
적도 the Equator p.58
적응력 adaptability p.121
전라남도 South Jeolla, province in the southwest of South Korea, southern half p.76

ㅊ

차다	to fill	p.56
차분하다	to be calm, to be cool, to be relaxed	p.98
차원	dimension, level	p.122
차지하다	to occupy	p.76
차츰	slowly, gradually	p.162
착각하다	to mistake something/someone as, to misperceive	p.24
참으로	truly, really	p.64
창의적		
창의적이다	to be creative	
창의적으로	creatively	p.65
책장	bookshelf	p.103
챙기다	to take care of	p.85
처리	handling, treatment, data processing	p.103
처리하다	to handle, to treat, to deal with	p.103
천	cloth	p.154
철저히	thoroughly	p.103
첫눈에 반하다	to fall in love at first sight	p.84
청각	hearing	p.59
청개구리	a green frog	p.33
초-	prefix meaning 'super' or 'very'	p.113
초•중•고교생	elementary * middle * high school students	p.113
초고령	very old	p.113
초스피드	high speed	p.113
촉각	touch	p.59
출산	birth	p.113
출산율	birth rate	p.113
출연	appearance (in a movie)	p.24
출연하다	to appear (in a movie)	p.13
친근감	intimacy, feeling of closeness	p.84
침착하다	to be calm, to be collected	p.65
침체	stagnation, depression, recession	p.113

ㅋ

코끼리	elephant	p.59
쾅	〈onomatopoeia〉 the sound of a hard and heavy object forcefully hitting something	p.36
쿨쿨	〈onomatopoeia〉 the sound of sleeping very soundly	p.36
쿵	onomatopoeia for a thud or a loud sound	p.45
쿵쿵	onomatopoeia for a repeated loud sound, 'thump, thump'	p.45

ㅌ

타원형	oval	p.154
탈모	hair loss	p.55
태평양	the Pacific Ocean	p.58
턱	chin	p.139
턱을 괴다	to prop up one's chin	p.139
털	body hair, fur	p.45
털털하다	to be easygoing, to be free and easy, to be unaffected	p.98
통계	statistics	p.113
통계청	National Statistical Office	p.113
투명하다	to be transparent	p.154
트림	burp	p.60
틀	mold, pattern	p.64
틀어박히다	to shut oneself in, to stay indoors	p.102
틀에 박히다	to be stuck in a groove or pattern	p.64

ㅍ

파도	wave crashes	p.156
파리	fly	p.59
파악하다	to grasp, to understand	p.97

ㅎ

훌쩍훌쩍	〈onomatopoeia, mimetic〉 the sound or expression of sniffling	p.36
흔들리다	to waver, to shake (for one's heart to waver) (usually used as 마음이 흔들리다)	p.96
흔히	commonly	p.131
흙	mud, dirt, clay	p.154
흥겹다	to be exciting, to be delightful	p.150
흩다	to scatter	p.102
흩어 놓다	to scatter (on a surface)	p.103
힘을 주다	to exert one's strength	p.151

MEMO

MEMO